D1352786

Scheuren is loslaten

Vanaf maandag 2 januari ga je elke dag een blaadje van deze kalender afscheuren. Je gaat hem langzaam vernielen. Dat doet een beetje pijn, maar het is tenslotte een 'scheur'kalender. Liefst zou ik de kalender heel laten, zoals een boek. Dat hij na gebruik ergens in een kast stof staat te vangen, is minder pijnlijk dan het huidige lot van dit pakje papier. Ik weet het, ik heb geen keuze, bij het aanvaarden van deze opdracht van de uitgeverij wist ik al dat het ging gebeuren. Het is als het leven, alles wat geweest is komt niet meer terug. Wel komen er nieuwe dingen bij, zoals dit jaar de 'Dierendinsdag'. We stammen allemaal af van dezelfde oercel en we bezitten nog alle eigenschappen van dieren, in ons embryonale stadium komen ze allemaal even voorbij. Ons collectieve geheugen beschikt nog over alle fijne eigenschappen van dieren en ons gedrag, ook op het werk, wordt nog altijd bepaald door onze dierlijke conditioneringen. Het lijkt me daarom leerzaam dat we meer contact leggen met het dier in ons en elke dinsdag maken we hier ruimte voor.

Ik wens je veel plezier met je dagelijkse scheurwerk en ik troost me met de gedachte dat scheuren, net als het leven, loslaten betekent. Zo leren jij en ik allebei van deze kalender.

'Mazzel' bestaat niet

Als iets je gelukt is, heb je iets gedaan wat leidde tot het juiste resultaat. Soms heb je geen idee waarom het is gelukt en grijp je naar de term 'mazzel'. Dat woord doet geen recht aan jouw inspanning, wees trots op wat je hebt gedaan en kom er voor uit. En als iemand dan toch details wil weten, dan zeg je naar waarheid 'ik heb geen idee'.

DINSDAG

3
JANUARI

DIERENDINSDAG
De olifant in jou

De olifant heeft een ijzeren geheugen en is niet van zijn doel af te krijgen. Ga vandaag eens na of die verloren prospect van drie jaar geleden nog behoefte heeft aan jouw geweldige diensten. Of bel die medewerker die je vijf jaar geleden hebt moeten ontslaan en ga na of hij of zij inmiddels wijzer en milder over jouw oordeel van destijds is geworden. Werken als een Olifant doet je beseffen dat langetermijnsucces vaak bevredigender is dan al dat korte spul.

'Pech' bestaat niet

Als iets niet gelukt is, heb je iets gedaan wat niet leidde
tot het juiste resultaat. Soms heb je geen idee waarom
het niet is gelukt en grijp je naar de term 'pech'.
Dat woord doet geen recht aan jouw inspanning. Leer
van wat je hebt gedaan en verbeter jezelf. En als iemand
dan toch details wil weten, dan zeg je naar waarheid
'ik heb geen idee'.

'Toeval' bestaat niet

Soms gebeurt er iets waar je geen verklaring voor hebt en noem je het toeval. Of, als je iets gedaan hebt en je snapt niet waarom de resultaten zijn zoals ze zijn, dan noem je dat ook toeval. Dat woord doet geen recht aan jouw inspanning. Leer van wat je hebt gedaan en verbeter jezelf. En als iemand dan toch details wil weten, dan zeg je naar waarheid 'ik heb geen idee'.

· · · ·

VRIJMIBO GAME

Het tekenspel

Pak een aantal blanco vellen uit de printer en nummer ze.
Iedere deelnemer pakt een blanco vel en tekent een van
zijn collega's. Op de achterkant schrijf je de naam van de
collega die je hebt getekend. De tekeningen worden aan
de muur geplakt en iedereen raadt wie wie is. De winnaar
is degene met de meeste juiste antwoorden.

ZATERDAG - ZONDAG
7 - 8
JANUARI

Diep Werk

Diep werk gaat over de noodzaak van geconcentreerd werken om maximaal te kunnen presteren, een vaardigheid die we langzaam zijn kwijtgeraakt. Dit boek legt uit hoe je door oefening focus kunt terugbrengen en hoe je je werk anders kunt organiseren om diep werk een vaste plek te geven. Alleen door iets je volle aandacht te geven, ontwikkel je expertise en kom je tot het beste resultaat. Het aanwennen van een 'diepe' manier van werken is de beste beslissing die je kunt nemen in een wereld waarin afleiding steeds meer van onze tijd opslokt.

Cal Newport, *Diep Werk*.
Business Contact, 2016.

Gesloten vragen mogen ook weleens

We leren dat om een goed gesprek te voeren we vooral open vragen moeten stellen, beginnend met Hoe? Wat? Waarom? Een gesloten vraag is een controlevraag en zelden nuttig. Maar zelden is niet hetzelfde als nooit. Vraag vandaag eens aan je gesprekspartner of hij je goed begrepen heeft, ter controle of jij je verhaal goed hebt verteld. Duidelijk blaadje vandaag?

DINSDAG

. . . .

10
JANUARI

. . . .

DIERENDINSDAG
Het hert in jou

Mannetjesherten hebben geweien en hoe gezonder en krachtiger ze zijn, des te indrukwekkender hun gewei. Dat voorkomt dat ze hoeven te vechten, herten zien aan elkaars gewei vooraf toch al wie er gaat winnen. Vandaag ga jij je gewei oppoetsen, zodat je beter tot je recht komt in de overlevingsstrijd die werk heet. Maak een lijstje met al je successen van de laatste jaren, vraag er positieve feedback op en laat het allemaal zien. Laten zien? Ik ben toch geen hert? Jawel, het heet tegenwoordig alleen LinkedIn en al ben je niet aan het solliciteren, een cool gewei is altijd nuttig.

Wat doe jij waarom?

De nieuwjaarsborrels zijn in volle gang en we netwerken er weer op los. Als je vanmiddag tijdens de Womikerstbo iemand tegenkomt die je niet kent, vraag dan eens niet 'Wat doe jij voor werk?', maar vraag 'Waarom doe jij je werk?' Het is tegen de sociale conventies in, maar levert veel leukere gesprekken op. Borrel ze!

Zeg eens NEE

We zijn in ons werk zo gericht op het tevreden maken en houden van klanten, collega's en de baas dat we het liefst overal JA tegen zeggen. Wil je de ander echt blij maken, zeg dan ook eens NEE. Je kunt niet alles voor iedereen doen en daar kun je maar beter duidelijk over zijn. Een duidelijk nee wordt meer gewaardeerd dan een halfslachtig ja.

VRIJDAG

13

JANUARI

VRIJMIBO GAME

Het grote pechspel

Verzin gezamenlijk een opdracht. Bijvoorbeeld: 'Druk je gezicht op het kopieerapparaat en klik op de groene knop.' Of 'Leg alle gekleurde voorwerpen in je kantoor op volgorde van de regenboog.' Dan verdwijnen kaartjes met namen van alle deelnemers in een kom en wordt er een pechvogel uitgehaald die de opdracht moet uitvoeren.

Overtuigen, de kracht van timing

Sinds zijn bestseller *Invloed* geldt Cialdini als dé autoriteit op het gebied van overtuigingskracht. In dit boek laat hij zien dat niet alleen wat je zegt of hoe je het zegt, maar ook wanneer je het zegt, bepaalt of je iemand kunt overtuigen. Hij legt uit hoe je op een creatieve en ethische manier iemands aandacht kunt sturen zodat je boodschap in vruchtbare bodem landt. Met een diepgaand inzicht in de menselijke psyche leert hij je hoe je de cruciale momenten in het overtuigingsproces herkent en hoe je je voorbereidt.

Robert B. Cialdini, *Overtuigen, de kracht van timing.*
Boom uitgevers Amsterdam, 2016.

Dromen mag

De mate van beschikbaarheid van iets is omgekeerd evenredig met de aantrekkelijkheid ervan. Met andere woorden, hoe moeilijker bereikbaar iets is, des te aantrekkelijker we het vinden. We leven met wat we bereikt hebben in het hier-en-nu en dat nemen we voor lief. We streven naar bereikbare, redelijk aantrekkelijke zaken voor morgen en dromen van het onbereikbare. C., een vriend van me, wil mee op een retraite voor vrouwen in een welnessresort in het Atlasgebergte, hij droomt er zelfs over. Onbereikbaar, en juist daarom lijkt het hem zo fijn.

DIERENDINSDAG
De marmot in jou

Tijdens zijn winterslaap, die duurt van oktober tot april, kan een marmot tot wel 5 graden afkoelen. In de zomer is hij de hele dag actief. Ook van de marmot zit iets in ons allemaal. Ons werk brengt mee dat alles elke dag sneller, anders en beter moet en dat stilstand per definitie achteruitgang is. Dat is niet altijd waar; soms is een periode van winterslaap heel nuttig voor je fysieke systeem en helend voor je geest en lichaam. Soms is het goed voor een bedrijf om eens langer te slapen. Droom zacht allemaal.

Alleen ga je harder

Moet je vandaag meters maken? Is de deadline voor de tekst voor jullie nieuwe website deze week al? Dat klantenevent staat volgende maand op de agenda en er heeft zich nog niemand aangemeld? Houd dan vooral op met vergaderen, laat anderen even links liggen en sprinten maar. Anderen geven afleiding en houden je van je werk af. Go-go-go! En daarna zie je wel weer verder.

Samen kom je verder

Moet er een grote verandering in je organisatie bereikt
worden? Breken er spannende tijden aan? Ga je fuseren,
doorstarten? Zorg dat je in contact blijft met iedereen die
bij dit grote project betrokken is. Pas als een meerderheid
in een groep een bepaalde kant op wil, gaat de hele
groep die kant op en kom je ergens. En samen houd je
vertrouwen in de koers zodat je niet bij elke afslag hoeft
te twijfelen. Niet ongeduldig worden.

Samen kom je verder

VRIJMIBO GAME

Lulkoekbingo

Schrijf alle jargonwoorden die in jouw bedrijf rondgaan op een papiertje, kopieer dit papiertje en deel de kopieën uit onder de deelnemers aan deze vrijmibogame. Loop vervolgens door het bedrijf of crash ergens in een vergadering en zet een streepje achter elk woord zodra je het hoort. Kaartje vol? Roep keihard 'Lulkoekbingo!' en laat je kaart controleren.

Oh nee, een goed idee

Geen gebrek aan goede ideeën in organisaties, zeker niet na brainstormsessies. Ze stranden helaas vaak na ellenlange vergaderingen en dan hoor je er niks meer van. We waren toch enthousiast en gemotiveerd? Tijd, energie, geld en moreel worden zo in hoog tempo verspild. Klaar om op te staan en voor positieve verandering op je werk te zorgen? Met dit boek kun je je collega's wel meekrijgen in nieuwe ideeën. En nee, er zijn geen zeven stappen naar succes, geen quick fix of een toverstokje. Jij moet eerst anders gaan denken, kijken en handelen.

Misha de Sterke, *Oh nee, een goed idee.*
Boom uitgevers Amsterdam, 2016.

Depri is zoooo 2016

Volgens deskundigen ben je vandaag depri. Want maandagen zijn deprimerend, de dagen dat je geld al op is terwijl de maand nog voortduurt en januari, het zijn allemaal deprimakers. Dus vandaag een driedubbele portie, je bent er maar mooi klaar mee. Gelukkig is het morgen alweer dinsdag. Nare gevoelens gaan voorbij, pel ze af, eronder zit een mooie nieuwe glanzende laag, want jij bent mooi en morgen is er weer een dag.

DIERENDINSDAG

De spin in jou

Spinnen beginnen met een draad uit te gooien en bouwen vervolgens met zo veel vakkennis en zulke mooie materialen een web dat je niet anders kan dan hun werk vanuit je diepste binnenste bewonderen. Vandaag zijn we spinnen. In alles wat we doen, gaan we perfectie nastreven. Vanavond gaan we naar huis met het gelukkige idee dat we onze vaardigheden tot het uiterste hebben ingezet. Geen typefout te vinden in elke perfecte mail, alleen maar gelukmakende, spirituele perfectie. Zorg alleen dat je als man niet gevangen komt in het web van een zwarte weduwe, verder is vandaag een heerlijke dag.

Blijf in beweging

Waar gewerkt wordt, vallen spaanders en soms vallen er zo veel spaanders dat je de neiging krijgt te stoppen met werken. Maar dat is een vergissing, een die veel mensen maken. Ze gaan vergaderen, ze gaan 'er nog eens goed over nadenken' of ze analyseren alle mogelijke oplossingen. Oei oei, stilstand is achteruitgang. Pas als je beweegt, kun je corrigeren en bijsturen, dus maak die vergissing niet. Als je het zwaar hebt, ga hard werken!

Jouw werk is echt heel erg moeilijk

Vergis je niet, wat voor jou routine lijkt, is voor een ander abracadabra. Mijn broer is radioloog, hij kijkt een halve seconde naar een wolkenlandschap op een computerscherm en weet of een bot gebroken of een orgaan ontstoken is. 'En jij schrijft die kalenderblaadjes in een tempo waar ik niet bij kan', zegt hij dan. Klopt, weer eentje af.

Jouw werk is echt heel erg moeilijk

Jeu de papier

Alle deelnemers aan deze game pakken drie vellen papier uit het kopieerapparaat. Zet je naam erop en maak er proppen van. Eén iemand gooit een prop van een andere kleur papier de kantoorruimte in en vervolgens mag iedereen zijn prop er in de buurt gooien. Degene die het dichtstbij komt, heeft gewonnen. Na afloop de papieren gladstrijken en terugleggen.

Nooit meer te druk

Een praktisch boek dat ons helpt om een van de grote problemen van het moderne leven aan te pakken: we zijn te druk. Wat opruim-ster Marie Kondo doet voor je huis, doet Tony Crabbe voor je hoofd en je leven. Onze inbox en to-dolijst puilen uit, veel mensen verwachten iets van ons en burn-out is de grootste bedreiging op de werkvloer. Tony Crabbe gebruikt nieuw psychologisch onderzoek en biedt heldere strategieën voor een opgeruimd hoofd en leven, met gerichte aandacht op wat je doet.

Tony Crabbe, *Nooit meer te druk.*
Luitingh Sijthoff, 2016.

We zijn strenger voor onszelf dan voor anderen

We vergeven collega's vaak een vergissing of nemen hun tekorten op de koop toe, maar voor onszelf willen we alles perfect doen. Zou jij graag je eigen collega zijn? Denk daar vandaag eens over na. Haal je vaak koffie? Help je je collega's regelmatig? Ben je weleens humeurig? Ben je net zo'n fijne collega als je collega's? Wees niet te streng voor jezelf.

DIERENDINSDAG
De bonobo in jou

De meeste organisaties zijn masculien, oftewel: de mannetjes staan vaker hoger in de hiërarchie dan vrouwtjes. Vandaag gaat jouw bedrijf het anders doen, de bonobo in ons mag wakker worden. De vrouwtjes zijn aan de macht, de mannetjes volgen. Misschien is een dag kort voor dit experiment, maar het effect zal misschien morgen al zichtbaar zijn. Bijkomend voordeel: net als mensen en dolfijnen hebben de bonobo's seks voor hun plezier.

Vandaag even geen targets

Het jaar is al een maand onderweg en het wordt hoog tijd die targets uit je hoofd te zetten. Er moest aan het begin van het jaar iets met je werkgever afgesproken worden, dat was onvermijdelijk en dat hebben we 'target' genoemd. Maar vanaf vandaag gaan we er niet meer aan denken. We gaan denken aan lekker werken, je inzetten voor je collega's, je klanten en anderen die iets van je willen, kortom: je gaat gewoon je best doen. Dat je daardoor je targets haalt, is alleen maar mooi meegenomen.

Anderen zijn milder over jou dan jijzelf

Vraag vandaag eens een ander naar een project waar je je niet goed over voelt. Een gemiste klant, een project dat uit zijn deadlines puilde, een budget dat achteraf beter naar een goed doel overgemaakt had kunnen worden, we hebben er allemaal wel een paar. Het zal je opvallen dat anderen milder zijn over jouw bijdrage aan deze mislukking dan jijzelf. Geniet ervan.

VRIJMIBO GAME

FeedbackFriday

Alle deelnemers maken een kring en om beurten mag
je iemand uitkiezen om twee complimenten aan te
geven. Zodra de ander zegt dat hij de twee complimenten
herkent en het ermee eens is, mag je ook een aanwijzing,
een verbeterpunt noemen. De winnaar deze week is de
groepssfeer, die zal enorm verbeteren.

ZATERDAG - ZONDAG

4 - 5
FEBRUARI

Ga hosselen

Vergeet die ren-je-rotbaan, kies liever voor een ondernemende levensstijl en ga hosselen. Hosselen heeft de toekomst. Een hosselaar is niet afhankelijk van één inkomstenbron. Hij scharrelt zijn kostje bij elkaar met verschillende activiteiten die samen genoeg opleveren, genoeg voor een leuk leven. Een hosselaar is een ondernemend multitalent dat kansen grijpt en risico's spreidt. Wat is jouw sociale en emotionele kapitaal? Welke kansen bieden grote maatschappelijke trends? En hoe maak je van zo'n kans een geldkraantje? Je leest het allemaal in dit boek boordevol goede ideeën en slimme voorbeelden!

Jeanine Schreurs, *Ga hosselen*.
Haystack, 2016.

Hoera, een file

Terwijl ik dit schrijf, zit ik in korte broek met op mijn bureau een karaf water met ijsblokjes. Terwijl jij dit leest, staan er misschien lange files door al het ijs op de weg. Kijk vandaag tijdens de file eens om je heen. Je ziet mensen die aan het werk willen, die naar afspraken gaan. Wat een potentie, al die wilskracht bij elkaar. Iedereen gaat vandaag zijn steentje bijdragen aan een betere wereld. Adem in en voel die verbondenheid, het ijs gaat er van smelten. Veel fileplezier!

DIERENDINSDAG

De rups en de vlinder in jou

Ja ja, ze zitten allemaal in je, dus ook de rups en de vlinder. Het ene moment ben je nog ketelbinkie die als jongste bediende de klusjes van anderen moet afmaken, maar opeens, van het ene op het andere moment – misschien wel na een presentatie van mij tijdens jullie Vrijmibo – ontpop je je als sierlijke vlinder en bewondert iedereen je vleugelpracht. Ontpoppen kunnen we allemaal.

Spreek je uit

Het is altijd een goed idee om je gevoel uit te spreken, al is dat soms lastig. Positieve feedback geven lukt ons wel, maar zodra je een negatief gevoel bij iemands handelen krijgt, kiezen we er soms voor om het te laten merken in plaats van het te zeggen. Moet je met iemand door en heeft zijn gedrag een negatief effect op jou, bespreek dat dan. Het is aan de ander wat hij ermee doet. Bedenk wel dat dat gevoel iets over jou zegt en niets over die ander.

Je bent veel slimmer dan je baas

Desgevraagd gaf ooit 70 procent van de ondervraagden uit een onderzoek aan dat ze dachten dat ze slimmer waren dan hun baas. Toch is die baas de baas en jij niet. Beschouw je baas vandaag eens als de mens die hij is, met al zijn nukken en kwaliteiten. En bedenk dat ook hij een baas heeft die slimmer is en hem beperkt in zijn ontwikkeling. En misschien valt het mee vanuit dit nieuwe perspectief.

VRIJMIBO GAME

Het filmsterrenspel

Alle deelnemers schrijven de naam van een bekende filmster op een papiertje. James Bond, Indiana Jones et cetera. Vervolgens begint de vergadering en gaat iedere deelnemer zijn rol aannemen, totdat iemand raadt wie jij speelt. Zodra je geraden bent, ben je af en mag je niet meer meevergaderen, wel meeraden. Degene met de meeste goede antwoorden heeft gewonnen.

Houston, we've got a problem

Filmpje kijken? *Houston, we've got a problem* gebruikt films, documentaires en series om de ontwikkeling van leiderschap te versterken. Films kunnen leiders en hun teams een mooie, soms confronterende spiegel voorhouden. Ze inspireren en geven veel gespreksstof over wat effectief leiderschap en teamwork is en wat juist niet. Dit boek bespreekt 50 verschillende films, en doet praktische handreikingen om er lessen uit te halen.

Rozemarijn Dols, *Houston, we've got a problem*.
Uitgeverij Boom Nelissen, 2015.

Hou van je werk

Valt niet mee hè, maandag … Vandaag een geweldige tip die je niet alleen vandaag, maar elke werkdag kunt toepassen. Voordat je aan je werk begint, sluit je je ogen en zeg je tien keer rustig in gedachten: 'Ik houd van mijn werk. Het is fijn en nuttig.' Nog steeds niet met een glimlach aan het werk? Probeer het eens met 25 keer.

DINSDAG

14
FEBRUARI

DIERENDINSDAG
De Vlaamse gaai in jou

Het is dierendinsdag en tegelijk Valentijnsdag. Dus is het
Vlaamse gaaidag, het dier dat cadeautjes uitdeelt aan het
andere geslacht. Vandaag ga je cadeautjes uitdelen, ter
ere van de Vlaamse gaai in jou. Verras die ene collega met
een artikel uit een blad dat precies gaat over het werk
dat hij doet, voor een andere college ga je zijn bureau
opruimen en voor een derde haal je de hele dag koffie.
Je zult merken hoeveel gunfactor je dit oplevert en wat
een voldaan gevoel je krijgt.

Hou van je werk

Valt niet mee he, woensdag ... Vandaag een geweldige tip die je niet alleen vandaag, maar elke werkdag kunt toepassen. Voordat je aan je werk begint, sluit je je ogen en zeg je 25 keer in gedachten: 'Ik houd van mijn werk. Het is gezellig en waardevol.' Nog steeds niet met een glimlach aan het werk? Probeer het eens met 100 keer.

Stop eens met werken

Soms is het een hele klus om te omschrijven wat nou precies de toegevoegde waarde van jouw werk is. Terwijl het wel nuttig kan zijn om het precies te formuleren, denk maar eens aan je jaargesprek. Het kan nuttig zijn om je te bedenken wat er zou gebeuren als je vandaag zou stoppen met werken en ook niet vervangen zou worden. Geen gevolgen? Zoek snel een andere job.

VRIJMIBO GAME

Stoelendans

We verzinnen een lastige uitdaging voor ons bedrijf. De grootste klant zegt op, de fabriek is afgebrand, zoiets, wees eens creatief. Vervolgens gaat iedereen op een stoel zitten en gaan we besluiten wie we niet nodig hebben om dit probleem op te lossen. Elke minuut wordt er gestemd en valt er iemand af. Iedereen verliest, ook degenen die als laatste overblijven, want rampen los je nooit alleen op.

Suits & Hoodies

Ze schieten als paddenstoelen uit de grond: start-ups die van plan zijn de wereld te veroveren. Van de 100 falen er echter 99. Die ene die doorbreekt, dwingt bestaande bedrijven op de knieën of zet een hele sector op zijn kop. Wat is het geheim van die start-up? En welke corporates slagen erin zich staande te houden en terug te slaan? *Suits & Hoodies* laat zien welke zeven essentials zorgen voor succes, zowel bij start-ups als bij corporates. Met veel leestips en een Essentials Scorecard om je eigen organisatie langs de lat van de essentials te leggen.

Quintin Schevernels, *Suits & Hoodies*.
Business Contact, 2016.

Als je leiding wilt geven, moet je kunnen volgen

Fijn al die ambities, ze brengen ons ergens. Is het jouw ambitie om leiding te geven aan een project of aan een groep mensen? Bedenk dat elke eigenschap een tegenpool heeft. Als je goed kunt volgen, weet je wat er nodig is om te kunnen volgen, je snapt leiderschap en voelt het aan. Dan kun je ook leiden, want je hebt daar geen blinde vlek. Lastige volgers zullen nooit leiders worden, al is het maar omdat leiders meestal zelf kiezen wie hun opvolgers worden.

DIERENDINSDAG
De vlinder in jou

Vlinders zijn licht, fladderen wat rond en laten zich niet vangen. Vandaag ga je door je organisatie lopen en doe je alsof je alles voor het eerst ziet. Werk je in een groot bedrijf? Loop dan eens overal rond, stel wat luchtige vragen, geef geen adviezen en bemoei je nergens mee. Aan het einde van de dag voel je je vrijer en lichter, een heerlijk gevoel. Denk je dat je het niet kunt? Ook de vlinder is ooit als rups begonnen.

Als je wilt verkopen, moet je leren te kopen

Verkopen gaat over vertrouwen winnen. Niet iedere klant snapt de verschillen tussen alle aanbieders en zal daarom op de adviezen van verkopers moeten vertrouwen. En vertrouwen kun je pas wekken als je weet wat het is, dus zul je ook anderen moeten kunnen vertrouwen. Mensen die verkopers wantrouwen, wantrouwen eigenlijk zichzelf. Zoals de waard is ...

Als je wilt verkopen,
moet je leren te kopen

Als je wilt coachen, moet je stappen kunnen maken

Coachen is je coachee het inzicht geven dat er wat moet veranderen en ook wat er moet veranderen. En hem of haar inspireren om daadwerkelijk een stap te zetten. Als je zelf altijd moeiteloos door het leven gegaan bent en maar zelden een ander nodig hebt om jou de weg te wijzen, word dan geen coach. Vanuit de theorie kun je niet werken, je zult het ervaren moeten hebben.

VRIJMIBO GAME

Jobrotation game

Het lot wijst vandaag een hoofdrolspeler aan. Die legt uit waar hij in zijn werk mee bezig is en dan vooral een klus waar hij in uitloopt of die dreigt te mislukken. Vandaag gaan de andere deelnemers die klus voor hem oplossen.
Ieder geeft drie tips en in de groep wordt besproken welke tips de beste zijn en de hoofdrolspeler moet gaan uitvoeren vanaf maandag. De deelnemer mag gedurende het spel alleen maar zijn probleem beter uitleggen, feedback geven op de tips is voor hem verboden. De hoofdrolspeler in deze game heeft gewonnen, sowieso.

ZATERDAG - ZONDAG
25 - 26
FEBRUARI

IK2 – De beste versie van jezelf

Goed is niet genoeg: dit boek laat zien hoe je het volledige potentieel uit jezelf kunt halen. De inhoud is geijkt op de huidige prikkel- en stressvolle wereld, waarin je nieuwe vaardigheden en eigenschappen moet ontwikkelen om je doelen te bereiken. Met dit boek vol inzichten, testen, oefeningen en methodieken ontwikkel je gaandeweg je hersenen en je vaardigheden en kun je succesvoller en gelukkiger worden. Persoonlijk, in je werk en maatschappelijk, zo belooft de auteur.

Margriet Sitskoorn, *IK2 – De beste versie van jezelf.*
Vakmedianet, 2015.

Vertel nooit wat je doet

Vertel daarentegen wat je gaat bereiken. Als je wilt dat anderen enthousiast worden over jouw acties, neem ze dan mee op avontuur. Vertel dat je ervoor gaat zorgen dat hun financiële administratie eerder af is, dat ze meer inzicht in hun financiële stand van zaken krijgen en dat ze geld besparen op hun accountancykosten. Als iemand dan per se wil weten wat je gaat doen, kun je altijd nog als bonus vertellen dat je heel goede administratiesoftware verkoopt, maar leg niet te veel uit, het is niet relevant en ze snappen het toch niet, anders hadden ze het zelf allang gedaan.

DIERENDINSDAG
De rat in jou

'Michiel? De rat? Wat voor eigenschappen heeft de rat in mij waar ik in mijn werk voordeel uit kan halen?' Die zijn er voldoende, maar bedenk eerst dat alle eigenschappen, goed en slecht, in elk mens zitten. Als je je daar niet bewust van bent, kun je nog weleens verrast zijn als zo'n nare, rattige eigenschap op een onbewaakt moment opeens naar boven piept. En de rat? Realiseer je dat de rat het meest verspreide zoogdier ter wereld is, vooral vanwege zijn aanpassingsvermogen, intelligentie en sociale eigenschappen.

Ja is het nieuwe Nee

Als iemand op je werk je iets vraagt waar je geen zin in hebt of waar je het nut niet van inziet, dan ben je meestal geneigd om omslachtig uit te leggen dat je het niet gaat doen. Zeg vandaag gewoon eens Ja en voer het uit, gewoon omdat overgave en onderwerping voor ieder mens belangrijke ontwikkelpunten zijn en jij er vandaag aan gaat werken.

Geen plan is ook een plan

Er zijn van die controlfreaks, vast ook wel in jouw bedrijf, die alles maar gepland willen hebben. Op de afdeling boekhouding vind je ze vaak. Ze vergeten dat spontaniteit of verwondering over wat je op je pad tegenkomt minimaal net zulke belangrijk ingrediënten zijn om iets te laten slagen. Zeg vandaag eens 'we zien wel' of 'ik weet het niet' als iemand je vraagt wat je plan is.

VRIJMIBO GAME

Woordjes plakken

Vandaag gaan we het hebben over het grootste probleem waar jij en je collega's mee kampen. Tekorten en te veel overwerk? Omzetdaling en dreigend ontslag? Rotzooi op de administratie en niemand die het oplost? De vergadering om tot een oplossing te komen is begonnen en alle deelnemers zeggen een voor een één enkel woord. Je zult zien wat een nuttige vrijmibogame dit zal blijken te zijn.

ZATERDAG - ZONDAG

4 - 5
MAART

Inburgeringscursus
voor managers

Dus je wilt de baas worden? Dan kun je maar beter managementtaal leren spreken. Je denkt het al snel te begrijpen, maar managementtaal luistert heel nauw. Je geeft geen bevelen, maar je motiveert je team. Je ontslaat niemand, maar je realiseert een taakstelling. En je mag nooit, maar dan ook nooit zeggen dat je tegen een klus opziet. Elke klus is een uitdaging, toch? Dit boek is ook een spoedcursus organisatiekunde. Je leert begrijpen hoe bureaucratieën werken en hoe je erin kunt overleven. En heel misschien, hoe je ze kunt veranderen.

Joop Swieringa, *Inburgeringscursus voor managers.*
Haystack, 2016.

Ben je eigen generatie

Laat je niet afleiden door goeroes die beweren dat je van generatie X, Y of Z bent met bijbehorend kuddekoopgedrag of andere generieke eigenschappen. Jij bent Jij. Heet je Justus, Dieuwertje of Lidewij? Doe je iets slims, of juist iets stoms en zegt iemand 'Oh, maar dat komt omdat jij van generatie X, Y of Z bent'? Antwoord dan gewoon: 'Praat geen onzin! Ik heet Justus, Dieuwertje of Lidewij! Ik ben een individu.'

DIERENDINSDAG
De hyena in jou

Noem iemand een hyena en de hele wereld valt over je heen. Zo jammer, de hyena is een edel dier, vermaard om zijn jachttechniek waarbij hij zijn prooi net zo lang uitput tot deze zich overgeeft. Ook zijn tactiek om de schamele restjes van de prooien van leeuwen af te pluizen is briljant en zou je in je werk goed toe kunnen passen. Neem eens een project over van iemand die duidelijk toe is aan iets nieuws. Niet iedereen is een leider, het zijn juist de volgers, de restjesdieren, die de wereld draaiend houden.

Een slechte ervaring kan een anker zijn

Als iets is mislukt, dan weet je vaak niet precies waarom. Je hebt niet altijd zin, tijd of de middelen om het te analyseren of je snapt het gewoon niet. In die gevallen kunnen mislukkingen je tegenhouden om nieuwe pogingen te wagen, het worden ankers. Begrijp waarom iets is mislukt en verbeter je plan of blijf doorgaan in blanco blijmoedigheid, maar laat je niet stoppen door ankers.

Een goede ervaring kan een anker zijn

Soms wordt er gedacht dat organisaties alleen geremd worden door tegenslag. Dat ze niet investeren omdat er geen geld is en ze nog niet doorhebben dat er geen geld is omdat er niet geïnvesteerd wordt. Maar ook een rijk verleden kan je remmen. Als je voortdurend alles spiegelt aan hoe het ooit was, die campagne van vorig jaar of de goede oude tijd dan durf je nooit meer wat. Sluit het verleden af en werk in het hier-en-nu.

VRIJDAG
· · · · · · · · · ·
10
MAART

· · · ·

VRIJMIBO GAME

Het verjaardagsspel

Alle deelnemers pakken een velletje papier en schrijven
de namen van de deelnemers met daarachter hun
verjaardagen. Spieken op Facebook wordt bestraft.
Degene met de meeste goede antwoorden heeft
gewonnen, die mag in het midden gaan zitten met een
papieren hoed op en wordt toegezongen.
Lang zal hij leven.

Het verjaardagsspel

Cyberrisico als kans

Cybercrime, het klinkt eng, maar is het dat ook? Hoe groot zijn de risico's van cybercrime nu echt en wat kun je ertegen doen zonder je organisatie vast te zetten? En vooral: wanneer doe je genoeg? *Cyberrisico als kans* geeft mensen die geen techneut zijn en het niet willen worden heldere antwoorden. Het legt uit dat de risico's omgezet kunnen worden in kansen, dat cyberrisicomanagement innovatie kan bevorderen, je meer waarde kan halen uit data en je mensen kan bevrijden en motiveren.

Roel van Rijsewijk, *Cyberrisico als kans*.
Boom uitgevers Amsterdam, 2016.

KPI: de tijd tussen het afgaan van je wekker en het vertrek naar je werk

Een mooie indicatie hoe het met jou en je werk gaat, is de tijd die verstrijkt tussen het afgaan van je wekker en het tijdstip waarop je de deur van je huis dichttrekt. Houd het eens bij. Merk vervolgens op dat als het erg lang of juist erg kort duurt en deze KPI opeens verandert, de relatie met je werk minder goed is dan wanneer je lekker op je gemiddelde zit.

DINSDAG

14
MAART

DIERENDINSDAG
Het knuffeldier in jou

Bijna ieder kind heeft er wel een: een knuffeldier.
Afgekloven en halfvergaan ligt hij in een doos te wachten
op een volgende verhuizing, want weggooien: dat nooit.
Sommige eigenschappen die je in je werk veel hebben
gebracht, heb je nu niet meer nodig of zitten je zelfs
dwars. Neem er afscheid van als een versleten knuffeldier,
met respect en met dank, maar houd altijd een special
plekje in je verhuisdoos vrij.

KPI: het aantal calorieën van je ontbijt

Ook een mooie KPI: hoe zwaar of licht is je ontbijt? Eet je te weinig, dan kunnen je collega's niet echt op je volle energie rekenen deze ochtend. Eet je te veel, dan kon je weleens dichtgesuikerd zijn en te lui worden. Hou het eens bij, het is een nuttige KPI.

KPI: het volume van jouw 'môgge'

Er is gelukkig een app voor, die heet decibelmeter en is in de betere appstore te verkrijgen. Hoe hard klink jij? Schreeuw je luid 'Goedesmorgens allemaal!' en moet iedereen opkijken, dan is het een dag om lekker aanwezig te zijn en jouw zin door te drijven. Is het een binnensmonds 'môgge' die niemand echt opvalt, dan is het een dag om eens aan het beleidsplan 2018-2022 te gaan schrijven. Alleen. Misschien wel thuis.

VRIJMIBO GAME

Verstoppertje

Een variant op het eeuwenoude kinderspel. We schrijven
een woord op een vel papier dat het beste omschrijft
hoe we ons gevoeld hebben deze week. 'Verwonderd',
'teleurgesteld' of 'geamuseerd' of een ander woord
dat het beste bij je stemming van deze week past. We
verfrommelen onze papiertjes en leggen ze op een
bureau. Net als vroeger wordt de zoeker aangewezen met
het rijmpje '1, 2, 3, 4 5, 6, 7 wie zal de zoeker wezen' en
diegene mag proberen de papiertjes bij degene te leggen
die het heeft geschreven. Niet alles goed? De volgende is
aan de beurt.

Nooit af

Nooit af gaat over wat er gebeurt nu iedereen vrij kan publiceren, dupliceren en produceren en wat de impact is op de maatschappij en economie als mensen dit niet alleen om financiële redenen doen, maar ook om hun steentje bij te dragen aan een betere wereld. Dit levert ongekende mogelijkheden op. Er is geen tijd meer voor blijvende oplossingen, we moeten onze zaken regelen met oplossingen die tijdelijk zijn, zodat we ons voortdurend kunnen aanpassen en verbeteren. Dit vraagt een totaal nieuwe kijk op de fundamenten van ons leven.

Martijn Aslander & Erwin Witteveen, *Nooit af*.
Business Contact, 2015.

KPI: hoe laat drink je koffie?

Drink jij elke dag koffie om tien uur? En voel je je cafeïnetekort vandaag al om halftien? Of pas om halfelf? Dan is dat een indicator, en wat mij betreft een key performance indicator, dat er vandaag iets bijzonders aan de hand is. Er broeit iets, je krijgt een briljante ingeving of je wordt ontslagen, een van de twee. Dat is het lastige van KPI's, je kunt ze wel lezen, maar wat ze betekenen, is niet altijd duidelijk.

DIERENDINSDAG
De leeuw in jou

Leeuwen zijn heldhaftig, de koningen van de jungle. Ze slapen veel om geladen te blijven en ontladen zich kloek en dapper zodra een prooi in zicht is. We zijn allemaal een beetje leeuwen en vandaag ga jij je kracht laten zien. Is er een vergadering gepland? Je zegt de hele tijd niets, maar dan tegen het eind van de discussie sta je op uit je stoel, gooit een koffiekopje kapot in de hoek en roept: 'We gaan ervoor. Genoeg gepraat, spijkers met koppen nu. We beslissen direct en volle kracht vooruit. We sluiten die afdeling/lanceren die campagne/investeren in dat softwarepakket en hebben het er niet meer over. Roaarrrr!'

Vier altijd je verjaardag

Verjaardagen zijn er in soorten en maten. De ene collega trakteert het hele bedrijf, de ander neemt een dag vrij om zoenende collega's te ontlopen. Als je wilt groeien, ontwikkelen en wilt leren geven, moet je ook kunnen ontvangen. Voor mij is ontvangen een gruwel, ik heb daar een blijvend ontwikkelpunt. Dus help me en bel me op mijn verjaardag om te feliciteren: 06-83178976. Zelfs dit blaadje schrijven viel me zwaar, dus ik kan echt hulp gebruiken.

KPI: met hoeveel mensen lunch je?

Lunch jij altijd met dezelfde mensen in dezelfde kantine? Dan geldt deze KPI niet voor jou. Houd bij met hoeveel mensen je luncht en hoe productief je bent geweest die dag. Dagen waarop je met meer mensen luncht ben je misschien creatiever, dagen waarop je snel-snel een broodje snaait boven het toetsenbord waren misschien productiever, maar wellicht ook stressvoller. Echt een handige KPI, deze.

VRIJMIBO GAME

Complimentenspel

Alle deelnemers kijken elkaar om de beurt aan en geven een mooi compliment. Als je iemand aankijkt en je bent langer dan drie seconden stil omdat je niks meer weet, ben je af. Degene die het langste door kan gaan, is de Winnaar van de week en mag de muziek uitkiezen voor bij de borrel.

Zou jij jezelf aannemen?

Ben jij de ideale kandidaat die zich goed presenteert, zich optimaal voorbereidt, zich verplaatst in de organisatie en weet wat hij te bieden heeft? Dit boek houdt je een spiegel voor. Het laat je naar jezelf kijken door de ogen van de werkgever. Het helpt je een baan te vinden die bij je past. Bij een organisatie waar jij past. Je doorloopt het hele sollicitatieproces: van je voorbereiding, je cv, je motivatiebrief, de selectiegesprekken, je eerste dag in je nieuwe baan tot je eerste maanden als nieuwe collega.

Freek van Kraaikamp, *Zou jij jezelf aannemen?*
Thema, 2016.

KPI: tot hoe laat werk je door?

Je zou zeggen dat hoe langer je doorwerkt, des te meer werk je afkrijgt. Nou, dat is misschien waar voor een paar dagen, maar op termijn werkt dat niet. Een mens kan niet alles. Ga eens gewoon om vier uur naar huis vanmiddag (staat je baas bij de deur en vraagt die of je een vrije middag hebt, stuur hem of haar maar even naar mij) en ontdek hoeveel efficiënter je kunt werken.

DIERENDINSDAG
De hond in jou

De hond is een trouw beest. Ga op vakantie, bind hem aan een boom, kom een week later terug en hij wacht je kwispelend op. Niet omdat hij zo dom is, ik vermoed omdat hij je het allang vergeven heeft en blij is dat je tot inkeer bent gekomen. De hond in je is blij met zijn werk, dankbaar dat hij zijn uren mag declareren en een salaris krijgt. Dat trouwe gevoel kennen we allemaal en vandaag zijn we eens extra aardig voor de baas. Breng hem een bot!

KPI: hoe lang vertel je tijdens het avondeten over je werk?

Helemaal niets? Dan was het een routinedag. Vanaf de borrel tot het dessert? Dan was het een zeer belangwekkende dag, belangwekkender dan die van je disgenoten. Ben je met zijn vieren en neem je een kwart van de tijd? Dan is het jouw fair share en was het een dag als alle andere.

KPI: hoeveel mails werk je weg in de avond?

Eentje, een heel dringende? Of werk je elke avond tot laat door? Deze KPI heeft waarschijnlijk een directe relatie met je ochtend-KPI (zie maandag 13 maart), de tijd die je gebruikt om na de wekker de deur uit te komen. Houd er rekening mee dat de boog niet altijd gespannen kan zijn!

VRIJDAG

· · · · · · · · · · ·

31
MAART

· · · ·

VRIJMIBO GAME

Het voorjaarsspel

We lopen, voordat de vrijmibo begint, allemaal even buiten kantoor en nemen iets van buiten naar binnen mee. Een dennenappel ofzo, raap gewoon iets op wat er ligt. Dan gaan we allemaal een verhaal vertellen en naar elkaar luisteren, een verhaal over het voorwerp, waarom het ligt, waar het ligt en waarom het de plek bij jullie kantoor heeft uitgekozen. De winnaar is degene met het mooiste applaus.

Het voorjaarsspel

ZATERDAG - ZONDAG

1 - 2
APRIL

Echt!

Echte leiders volgen hun eigen missie en ethiek. En juist dat inspireert en kan de wereld veranderen, aldus deze auteur. *Echt!* gaat over wat er in bedrijven en instellingen gebeurt, hoe onechtheid de organisatie verzwakt en cynisme en wantrouwen de overhand krijgen. Het confronteert managers met hun eigen drijfveren en geeft adviezen voor iedereen die echt wil zijn, een zinvolle bijdrage wil leveren en anderen wil inspireren. Uiteindelijk hebben managers zelf de sleutel in handen om dit te doorbreken.

Arjan Eleveld, *Echt!*
Boom uitgevers Amsterdam, 2015.

Maakt niet uit wat je baas ervan vindt

Werken doe je vooral omdat het zin geeft aan je leven en het leven van de mensen die afhankelijk van jou en je bedrijf zijn. Je werkt niet om een goede indruk op de baas te maken. Wat de baas vindt, is vooral fijn of niet fijn voor de baas zelf, jou maakt het niet uit. Doe je werk met alle inzet die er in je zit en als de baas dat fijn vindt, mooi meegenomen. Vindt hij het niks? Jammer dan.

DINSDAG

······

4
APRIL

····

DIERENDINSDAG
De mier in jou

Mieren zijn werkbeesten. Nederig aanvaarden ze hun kleine rol in een groot geheel. Vele handen maken licht werk. De voldoening komt uit het geheel. Wie vindt het niet fijn om een rolletje te spelen in iets groots? En dat spelen we natuurlijk allemaal. Al ben je zzp'er, uiteindelijk werken we met zijn allen aan het beter maken van de wereld, ieder op zijn eigen mierenachtige wijze.

Maakt niet uit wat je collega's ervan vinden

Werken doe je vooral omdat het zin geeft aan je leven en het leven van de mensen die afhankelijk van jou en je bedrijf zijn. Je werkt niet om een goede indruk op je collega's te maken. Wat die vinden is vooral fijn voor hen, of niet, jou maakt het niet uit. Doe je werk met alle inzet die er in je zit en als de collega's dat fijn vinden, mooi meegenomen. Vinden ze het niks? Jammer dan.

Maakt niet uit wat je medewerkers ervan vinden

Werken doe je vooral omdat het zin geeft aan je leven en het leven van de mensen die afhankelijk van jou en je bedrijf zijn. Je werkt niet om een goede indruk op je medewerkers te maken. Wat je medewerkers vinden is vooral fijn of niet fijn voor hen, jou maakt het niet uit. Doe je werk met alle inzet die er in je zit en als je medewerkers dat fijn vinden, mooi meegenomen. Vinden ze het niks? Jammer dan.

VRIJDAG
7
APRIL

VRIJMIBO GAME

Kringgesprek

Alle deelnemers zitten in een kring. De eerste deelnemer noemt een woord dat met het werk te maken heeft, bijvoorbeeld: kopieerapparaat. De deelnemer naast hem noemt binnen drie seconden een woord dat begint met een T (de laatste letter van het genoemde woord) en ook met het werk te maken heeft, bijvoorbeeld: Teamoverleg. De derde deelnemer moet nu binnen drie seconden iets zeggen dat met een G begint et cetera. Wie er langer dan 3 seconden over doet, is af.

ZATERDAG - ZONDAG

8 - 9
APRIL

Ontketen vernieuwing!

Vernieuwingskracht is overal – je moet het alleen wel zien. Wil je meer ondernemerschap, proactief gedrag en samenwerking? Verlang je naar meer sprankeling, energie en beweging in je organisatie? Ontketen vernieuwing! Ontketenen is loskomen uit vastgeroeste werkwijzen; ontketenen is energie en creativiteit op gang brengen én houden. Van plannen uitrollen naar beweging creëren. En van brandjes blussen naar vuurtjes stoken. Ontsteek het vuur met een inspirerend verhaal dat samenbindt en verleidt. Een inspiratie voor iedereen die wil bijdragen aan een vitale, creatieve en vernieuwende organisatie.

Arend Ardon, *Ontketen vernieuwing!*
Business Contact, 2015.

Maak wat vaker dezelfde vergissing

Het voordeel van het niet willen maken van dezelfde vergissing is dat je ervan leert. Als iets misgegaan is, analyseer je waarom en verbeter je jezelf vervolgens. Maar zodra je merkt dat het ten koste gaat van je spontaniteit omdat je jezelf continu aan het verbeteren bent, maak dan gerust dezelfde vergissing nog een keer. Hardleers zijn is beter dan verkrampen.

DIERENDINSDAG
De mol in jou

De mol leeft ondergronds en staat voor geniepig en achterbaks. En ja, ook die zit in jou. Wat doet hij daar onder de grond, wat kan het daglicht niet verdragen? Het kan in je werk nuttig zijn om ondergronds te blijven, niet direct overal je mening over te geven of aan mee te willen doen. Eerst maar eens de mol, sorry, de kat uit de boom kijken kan je hele waardevolle inzichten opleveren.

Inspanning telt, resultaat is secundair

Niemand kan ooit van je verwachten dat je meer dan je best doet. De inspanning die je levert, daar mogen je collega's en je baas zich druk over maken en jijzelf ook. Het resultaat is de vrucht ervan en dat heb je niet in de hand. Vallen de resultaten tegen, maar heb je je best gedaan, dan ben je verder gekomen dan andersom.

Los vooral je problemen uit het verleden niet op

Problemen zijn dingen die je dwarszitten in het realiseren van je plannen. Oplossen heeft niet altijd zin, je kunt er ook omheen lopen of accepteren. Veel te vaak denken we in het werk dat problemen opgelost moeten worden. Zit een probleem je dwars op weg naar een toekomst en wil je er absoluut naartoe? Dan heeft een probleem oplossen zin, maar maak je vandaag eens minder druk over problemen uit het verleden of problemen die je toch niet beperken.

VRIJMIBO GAME

Tip. Tap. Troekoe

Maak een prop papier en ga met zijn allen in een kring staan. Degene met de prop papier heeft de keuze om de prop naar degene die naast hem staat te gooien, dan zegt hij Tip. Gooit hij de prop naar iemand anders, dan zegt hij Tap. Gooi je de prop terug naar degene van wie je hem hebt gekregen, dan roep je Troekoe. Wie het fout doet, is af. Als je dorst krijgt en naar de borrel wil, voer je het tempo op.

De Corporate Tribe

Lezers van dit boek worden meegenomen op een reis langs verre, vreemde volkeren. Om vervolgens met een andere, nieuwe blik te kijken naar de eigen organisatie. De corporate antropologie kijkt met dezelfde verwonderde blik naar organisaties, boardrooms en leiders als antropologen dat naar tribale samenlevingen doen. In zo'n dertig verhalen wordt een andere blik op organiseren en organisaties gegeven. Exotisch, maar met praktisch toepasbare denkwijzen, tips en verandermodellen om met de eigen organisatiecultuur of die van klanten aan de slag te gaan.

Danielle Braun & Jitske Kramer, *De Corporate Tribe*.
Vakmedianet, 2015.

Meer tussen hemel en aarde

Er is meer tussen hemel en aarde en het bewijs daarvan is muziek. Het is volstrekt onverklaarbaar waarom je bij het horen van mooie muziek in een stemming komt. Wat is muziek? Hoe werkt het en waarom doet het wat het doet? Geen wetenschapper die het antwoord kan geven. Denk daar eens aan als je wilt verklaren waarom dingen wel of niet lukken in je werk. Er zijn ook onverklaarbare zaken. Ladida, tralala.

DINSDAG

18
APRIL

· · · ·

DIERENDINSDAG
De luiaard in jou

De luiaard slaapt 12 uur per dag en loopt niet sneller dan
5 kilometer per uur. Ook in de boom is hij langzaam, alsof
hij stoned is van alle bladeren die hij eet. Je kunt pas
actief en energiek zijn als je ook de luiaard in jezelf kent.
Misschien is de dinsdag niet zo'n hele goede dag om de
luiaard in jezelf aandacht te geven, maar als er nou straks
een voorjaarszonnetje doorbreekt, ga dan eens de luiaard
uithangen na de lunch. Je collega's zullen je dankbaar zijn
voor alle energie die je daarna weer bezit.

Geef de baas promotie

Je leidinggevende is soms een lastige dissonant in je dagelijkse werk. Hij snapt er weinig van en zolang hij daar zit, maak je geen kans op zijn stoel. De oplossing is simpel, geef hem een promotie. Dit doe je door keihard te werken, goede tips aan hem te geven en te zorgen dat jullie samen de beste resultaten bereiken. Dit straalt op hem af en hij zal snel weggepromoveerd worden. En wie staat er klaar om zijn stokje over te nemen? Juist.

Geef een medewerker jouw baan

Medewerkers zijn maar lastig. De hele dag ben je bezig ze te inspireren of je bent aan het monitoren wat er uitkomt. Dus, tijd om het roer om te gooien en ze jouw baan te geven. Dat doe je door keihard te werken en ze te laten zien waar het jou en de organisatie waar je voor werkt echt om gaat. Wees dienstbaar voor ze, loop ze niet te veel voor de voeten. Dit gaat opvallen en voor je het weet ben je klaar met je klus en mag je wat nieuws gaan doen. En er staat al iemand klaar om het stokje van je over te nemen.

VRIJDAG

. . . .

21

APRIL

. . . .

VRIJMIBO GAME

Het verhalenspel

Iedere deelnemer vertelt een verhaal over zijn vorige baan of opdracht en legt de nadruk op wat hij daar, in dat bedrijf, beter vond gaan dan waar hij nu werkt. De applausmeter bepaalt de winnaar.

Hoe groen is jouw gras?

Reorganisaties, onmogelijke targets, een baas die geen waardering voor je heeft of gewoon werk waar je op uitgekeken bent. Maar liefst 40% van de werknemers verlangt regelmatig naar een andere baan. De oplossing van loopbaancoaches ligt voor de hand: volg je passie! Ja ja ... Met dit boek kun je verder kijken dan die eenvoudige oplossing. En onderzoeken waar je wél invloed op kunt uitoefenen. Hoe je met slimme bijsturingen je gras iets groener kunt maken. Met een realistisch Plan B kun je met meer rust en relativering in je werk staan.

Ester de Bruine & Roderik Bender, *Hoe groen is jouw gras?*
Boom uitgevers Amsterdam, 2015.

Gelukkig zijn er ontevreden klanten

Toon mij een bedrijf zonder ontevreden klanten en ik voorspel je: dat bedrijf bestaat binnenkort niet meer. In de concurrentie moet je tot het uiterste gaan om klanten te winnen en superservice te bieden. Soms beloof je net wat te veel of lukt het effe niet, want rotdag. Kan gebeuren. Als je het netjes oplost, is het niet zo heel erg en kun je die ontevredenheid bijsturen. Als je maar niet de fout maakt te voorzichtig te worden en te stoppen met ondernemen omdat je geen ontevreden klanten wenst.

DINSDAG

25
APRIL

DIERENDINSDAG
De bijenkoningin in jou

Welke koningin heeft er nou tienduizenden werksters en honderden mannetjes? Precies, jij! Laat je maar eens goed verwennen door je collega's vandaag, de bijenkoningin in jou heeft het verdiend. Jij levert ook je bijdrage en dat mag best gezien worden. Je tekst vandaag: 'Koffie graag! Ja en doe maar chocoladetaart. Of trouwens, een appelpunt. Nee, toch chocoladetaart en ik eet het wel alleen op.'

Tevreden klanten komen niet altijd terug

Je belooft aan een klant iets en je komt het na en je klant is tevreden. Veel ondernemers – vanaf vandaag alleen ondernemers die deze kalender niet lezen – denken dat tevreden klanten het doel is. Wat een vergissing, de klant is tevreden, heeft betaald en heeft niets meer gekregen dan hij vooraf al verwachtte. Big deal. Wil je klanten die terugkomen, zul je net iets meer moeten doen.

Tevreden klanten kopen niet altijd terug

Leve de Koning!

Vroeger toen ik klein was, wilde ik ook koning worden. Met een mooie, lieve koningin naast me zou ik het land regeren en niemand die me zou vertellen hoe ik mijn werk moest doen, want ik zou de koning zijn en baas over alles. Wat een macht, wat een vrijheid.

Inmiddels ben ik scheurkalenderschrijver geworden en geen koning. En terwijl de koning elk woord dat hij publiekelijk uitspreekt driemaal vooraf moet laten wegen en zijn agenda geen millimeter bewegingsruimte geeft, schrijf ik dit blaadje in alle vrijheid. Er is wel iemand die de typefoutjes eruit haalt, maar verder bepaal ik, en ik alleen, wat erop komt te staan. Wat een macht en wat een vrijheid heb ik.

Leve de Koning en leve de vrijheid.

VRIJMIBO GAME

Koningsdagspel

Iedere deelnemer verzamelt alles wat er op zijn bureau en in zijn ladenblokken ligt en hij niet meer gebruikt in een doos. Van een oude perforator tot een dossier van een vergeten klagende klant. Maak een mooi kraampje en vent het uit. Van het verdiende geld koop je spulletjes van je collega's. Big fun. Die perforator die maar drie velletjes tegelijk aankan, ben je kwijt en je hebt er een mooi klachtendossier voor terug, waar je al je kennis en kunde in kwijt kunt. Bijkomend voordeel, het ruimt heerlijk op.

Koningsdagspel

Tools voor teams

We hebben allemaal weleens in teams gewerkt. Teamwerk zou fantastisch kunnen zijn als teams niet zo onder druk zouden staan. Ze moeten meer presteren, tegen lagere kosten en met minder mensen. Samenwerken is de sleutel tot succes. Maar waar samengewerkt wordt, ontstaan ook dikwijls problemen. Dit boek geeft je handvatten om je eigen teams succesvoller te maken, zonder daarvoor externen in te huren. Het bevat meer dan 50 concrete werkvormen en talloze praktische adviezen waarmee de tools in handen hebt om een topteam te maken.

Jaco van der Schoor & Thijs Rijnbergen, *Tools voor teams*.
Boom uitgevers Amsterdam, 2016.

Beloof niet zo veel

Als je wilt dat mensen blijer worden van het werk dat jij doet, beloof dan wat minder. Het grote voordeel is dat je bij dezelfde inspanning veel blijere klanten en collega's krijgt. Je hebt je belofte dan meer dan waargemaakt.

DIERENDINSDAG
De clownvis in jou

Een vrouwtjesclownvis laat zich bevruchten door het grootste mannetje in de school en na haar overlijden wordt dat mannetje een vrouwtje. We allemaal iets van een transgender in ons en wij doen dit spelletje met bazen en medewerkers. De baas laat zich inspireren door de beste medewerker die vervolgens de baas wordt als hij weggaat. We zijn allemaal een beetje clownvis.

Verander eens van standpunt

Er wordt gedacht dat je een discussie hebt gewonnen als je een ander van mening hebt doen veranderen. Onzin, juist als je de discussie met een betere mening verlaat dan je erin ging, dan heb je pas gewonnen. Laat zien dat jij een winnaar bent door je vandaag overal toe over te laten halen. Bijkomend voordeel: het is rokjesdag, dus wie weet wat er voor leuks gaat gebeuren. *Alles* hè?

Vraag eens een oud-collega

Nummer 1 van redenen voor mensen om van job te veranderen is omdat ze niet meer geloven in de baas en de plannen van het bedrijf. Zoek je feedback over je businessplan? Vraag het dan aan slimme mensen die jouw bedrijf goed kennen en die kritisch zijn, oftewel: bel je oud-collega's. Als je hen weet te overtuigen van jouw plan, dan gaat het lukken. Luister goed en doe er je voordeel mee.

VRIJDAG

5
MEI

BEVRIJDINGSDAG

Knuffelparadijs

Deze game is bedoeld om de onderlinge
verstandhoudingen in het team te verbeteren, wat
laatste restjes oud zeer weg te nemen en spanningen
te verminderen. Ga een op een tegenover elkaar staan,
schuifel naar elkaar toe en vouw je armen om elkaar
heen. Doe dit een minuut, bedank elkaar zonder woorden
voor de knuffel en ga naar de volgende collega. Als je
iedereen gehad hebt, ga je in stilte naar huis, het is
weekend. De winnaar van deze game is de volgende
week, volgende maand en volgend jaar.

Elon Musk

Elon Musk is misschien wel de opvallendste zakenman van dit moment – een mix van Thomas Edison, Henry Ford, Howard Hughes en Steve Jobs. Musk valt op door zijn dynamiek en visie in een wereld waar bedrijven vooral zekerheid zoeken. Met zijn bedrijven PayPal, Tesla Motors, SpaceX en Solar City verandert hij bedrijfstakken en de wereld door op het allerhoogste niveau te innoveren. Dit boek biedt een inkijkje in het buitengewone leven van de ondernemer. Het boek volgt zijn reis tot nu toe: van een ruwe opvoeding in Zuid-Afrika tot aan de top van de internationale zakenwereld.

Ashlee Vance, *Elon Musk*.
Lev., 2016.

We willen allemaal hetzelfde

Zit je in een zware discussie met je baas over jouw inzet en zijn betrokkenheid? Kom je er niet uit met hr over het aantal fte's op jouw afdeling? Zit die medewerker jou dwars omdat hij altijd een andere mening heeft? Bedenk je regelmatig dat we eilanden zijn, van boven gescheiden door water, maar als je diep genoeg onder dat water kijkt, zie je dat we verbonden zijn. Zoek die verbinding op en los je probleem op.

DIERENDINSDAG
Het waterbeertje in jou

Zelfs bij minus 270 graden, plus 120 graden, zonder zuurstof of in het luchtledige, overal kan het waterbeertje overleven door schijndood te zijn. Ook door zijn wonderlijke uiterlijk zou je denken dat hij een ruimtereiziger is en met een komeet is meegekomen naar de aarde. Ook in jou zit een waterbeertje. Crisis in je bedrijf of thuis? Kolkende veranderingen met of zonder zuurstof? Je kunt ze allemaal overleven. En ga je echt bijna dood, lift dan op een komeet mee naar een andere planeet.

Lachen is herkenning

Als je collega's een gevoel bij een situatie krijgen, positief of negatief, en jij weet als eerste de spanning te breken door er iets grappigs over te zeggen, dan is dat nuttig. Lachen heeft zin, anders zou die spanning er maar in blijven. Dus verlaat vandaag een collega met slaande deur het kantoor van de directeur dan zeg jij 'Zo zeg, die mag lekker lang met vakantie, de mazzelaar.' Heeft een andere collega een bestand vergeten te saven en is er een dag werk naar de Filistijnen? 'Ah joh, je had toch niks te doen dit weekend toch?' Doe het, zeg het, het is beter voor iedereen.

Eerst voelen, dan denken

Tenzij je vandaag wiskundesommen gaat oplossen –
hoewel, misschien zelfs dan – bedenk dan dat je verstand
je gevoel volgt en niet andersom. Op basis van je ervaring,
routine en je dierlijke instincten voel je meestal welke
richting je op moet. Beredeneer later maar waarom het
klopte, als je daar tenminste tijd voor hebt.

· · · ·

VRIJMIBO GAME

Voorwerpen raden

De spelleider verdeelt de deelnemers in groepjes van twee. Ieder groepje pakt een leeg vel en een van de twee gaat een voorwerp uit kantoor tekenen dat door de spelleider in zijn oor is gefluisterd. Schrijven mag niet. Zodra de ander het weet, roept hij het voorwerp en degene die als eerste het goede voorwerp raadt, heeft gewonnen.

ZATERDAG - ZONDAG

13 - 14

MEI

Ik maak het verschil

Markten veranderen in snel tempo. Hogere eisen van klanten, meer concurrentie, nieuwe businessmodellen en digitalisering bepalen het toekomstbeeld van veel organisaties. Daarmee wijzigt ook het speelveld van de werkende mens. Goed zijn in je vak is niet meer voldoende. Je wordt voortdurend uitgedaagd om jezelf opnieuw uit te vinden. Dit boek biedt je zeven strategieën aan die je helpen om succesvol te zijn als nieuwe professional in deze nieuwe tijd. Ik zeg: succes.

Frank Kwakman & Rolf Rosenmöller, *Ik maak het verschil.*
Van Duuren Management, 2013.

Klanten onthouden het beste wat je niet voor ze doet

Je verkoopt een plan aan een klant, bijvoorbeeld een mooi schoonmaakplan dat jij en je poetscollega's gaan uitvoeren tegen een schappelijke vergoeding. Je gaat aan de slag, buiten kantoortijd meestal, en jarenlang hoor je niks, totdat je klant opeens belt: 'Zeg, jullie zijn gisteren vergeten te stofzuigen.' Het is hard maar waar. Geen tip of advies vandaag, accepteer het maar gewoon.

DIERENDINSDAG
De zeespons in jou

Mijn kinderen zijn van de generatie 'Spongebob, squarepants', een allerliefste zeespons die alles ongelooflijk goed bedoelt, maar toch elke aflevering diep in de problemen komt. Dan maakt hij bijvoorbeeld het krabburgerrestaurant schoon, maar ontploft het door een verkeerd schoonmaakmiddel en is iedereen boos op hem. Een ding kun je leren van de zeespons in jou: 'Het gaat om de intentie, daar word je op afgerekend. Niet proberen is geen optie.'

Die ene spookrijder ziet er wel honderd

Klanten zijn niet allemaal zeurkousen, collega's zijn niet allemaal saai, jij bent de spookrijder als je zo over groepen mensen denkt. Maar er is een uitzondering: echte genialiteit, oorspronkelijkheid en originaliteit gaat tegen alle stromen in, dan rijdt de spookrijder in de goede richting en rijden alle anderen verkeerd om. Soms ben je op kantoor een Vincent van Gogh. Blijf dan doorgaan, blijf schilderen, al komt je gelijk pas een generatie later.

Zorg voor tegenspraak

Jullie bedrijf is het beste, jullie merk is het mooiste en jullie mensen presteren het beste. Uiteraard is dit jouw mening, want jij werkt er. Als je wilt weten hoe je je als organisatie kunt ontwikkelen, betrek dan mensen die niet bij je kopen of zelfs de weglopers in je feedback. Tenzij je alleen maar jaknikkers om je heen kan dulden, dan wacht je gewoon tot de resultaten en de cijfers het wel tegen je zeggen.

VRIJMIBO GAME

Groepjes van drie

Bind je rechterbeen met je ceintuur om het linkerbeen van een andere deelnemer terwijl je dezelfde kant op kijkt en bind je linkerbeen met een andere ceintuur om het rechterbeen van weer een andere deelnemer. Zo vormen we groepjes van drie. De opdracht is dat jij een post-it-papiertje op elke monitor in de kantoorruimte plakt. Het groepje van drie dat het snelste alle papiertjes verzamelt, heeft gewonnen.

Schaamteloos delegeren

'Ik kan het zelf beter.' 'Ik kan het sneller.' 'Ze doen het toch niet zoals ik het wil.' Bekend? Delegeren is misschien wel de belangrijkste vaardigheid die we als moderne mens nodig hebben. Maar er wordt nog veel mee geworsteld. Dat moet anders, want delegeren helpt om tijd vrij te maken. Tijd om te werken aan de groei van je impact, omzet en werkplezier. Wie schaamteloos gaat delegeren, kan zijn eigen werktijd flink inperken, goed voor de werk-privébalans. Een lekker leesbaar managementboek vol praktische tips voor op kantoor, in bed of aan het strand.

Taco Oosterkamp, *Schaamteloos delegeren*.
Boom uitgevers Amsterdam, 2015.

Buiten de lijntjes gebeurt het

Jouw bedrijf stopt zodra iedereen zich alleen maar aan de regels houdt. Regels zijn er om controle te krijgen en controle en groei zijn elkaars tegenpolen. Dus beloof net iets te veel aan die klant, neem net iets meer werk aan dan je team aankan en keur eens een investering goed die je procuratie net even te boven gaat. Groei en succes zijn je beloning.

DIERENDINSDAG
Het vogelbekdier in jou

Jij bent een empathisch mens, je voelt met iedereen mee.
Aan de stammenstrijd tussen marketing en sales, tussen
finance en commercie, tussen directie en or, tussen
politici en ambtenaren of tussen fabriek en distributie
doe jij niet mee, je voelt je verwant met iedereen. Net
als het vogelbekdier, dat eieren legt en toch zoogt, met je
staart als een bever en je bek als een vogel.

Alle werk is goed werk

Heb jij ook van die routineklusjes? Die je eigenlijk niet leuk vindt? Denk er niet over na, het heeft geen zin om je af te vragen wat jij ervan vindt, vraag je af wat de ander ervan vindt, die ander voor wie je het doet. Dus hup, werk je administratie bij, vul de voorraad kantoorgerief aan, doe de afwas en breng die dossiers naar het archief. Namens je collega's, klanten en je baas: dankjewel.

Alle werk is goed werk

Het zijn maar woorden

Woorden zijn belangrijker dan je denkt. Woorden zijn ingesleten klanken die al duizenden jaren iets betekenen. Het is onmogelijk om geen associatie bij een woord te krijgen, want een woord is een associatie. Als je wilt veranderen en ontwikkelen, en wie wil dat nou niet, vervang dan eens een woord. Tip 1: Verzin je eigen woorden. Wil je mensen laten voelen dat hun gedachten en lichaam een en dezelfde instinctieve aansturing hebben, voeg dan 'body' en 'mind' samen tot 'bodymind'. Tip 2 : Haal woorden uit je vocabulaire, bijvoorbeeld 'leuk'. Vervang het door synoniemen als 'waardevol', 'interessant', 'aangenaam' et cetera. Je leven zal een stuk leuker, uh, spannender worden.

VRIJMIBO GAME

Lekker knallen

Vandaag gaan we een game doen waarmee jouw bedrijf enorme bedragen bespaart op consultants en trainers. Jawel, ik ga in mijn eigen voet schieten. Iedere deelnemer schrijft een probleem op dat speelt in jouw bedrijf op een post-it. 'Systeem X werkt niet naar behoren' of 'Klant Y heeft een klacht ingediend en ik kan het niet oplossen' – van die dingen. De post-its worden op een bord geplakt en nu komt het: iedere deelnemer doet alsof hij een mitrailleur pakt en gaat schieten op de papiertjes, gedurende twee volle minuten. Ratatatatat ratatat et cetera. Daarna zijn alle problemen opgelost en kan de borrel beginnen.

ZATERDAG - ZONDAG

27 - 28

MEI

Maatwerk

Wie klanten blij wil maken, moet ze op maat bedienen. Dat valt niet mee als je op een gestandaardiseerde manier werkt. Als je klanten blij wilt maken, heb je echter geen keuze: je moet alle barricades weghalen die maatwerk in de weg staan. Dit boek laat zien hoe je dat doet en hoe je elke klant de aandacht geeft die hij verwacht. Of je nu verantwoordelijk bent voor een fabriek, een bank, een gemeente of een internetbedrijf: voorkom dat je klanten gefrustreerd raken en van het kastje naar de muur worden gestuurd.

André van Hofwegen, *Maatwerk*.
Haystack, 2016.

Steek vandaag je bureau in de fik

Heel veel werk doe je alleen maar omdat je er gisteren niet mee klaar kwam. Af en toe – ik zeg af en toe – is het lekker om je laptop en al je papieren in de hens te zetten en geheel opnieuw te beginnen. Niks geen geschiedenis, je werkt alsof je vandaag bent begonnen. Werk je in de cloud? Druk dan op delete, vergeet per ongeluk je wachtwoord of wees op een andere manier digicreatief, want vandaag begin jij opnieuw.

DIERENDINSDAG
De matamata in jou

Ja, ook de matamata zit in jou. Misschien heb je er nog nooit van gehoord, welnu, het is een schildpad die niet in zijn schild past en bovendien niet kan zwemmen. Hij overleeft omdat hij geen natuurlijke vijanden heeft en eten in overvloed, want hij eet modder. Voel je hem? Je herkent vast wel dat er dagen zijn – niet vandaag!! – die je eigenlijk alleen maar doorkomt op routine en omdat niemand je iets moeilijks vraagt. De matamata in jou helpt je overleven.

Neem een beslissing zonder vergadering

Ken je die ene van die vijf managers die samen de keuken in gingen? De een wilde veggie, de ander vis, de derde Indisch et cetera. Ze kwamen na lang vergaderen tot een compromis en aten grijze klontertjespap, zo uit de blender. Vandaag heb jij zin in je eigen ding en je besluit het zonder aan iemand feedback te vragen. Yeah!

Neem een beslissing
zonder vergadering

Pijn is fijn

Succes in het werk komt niet vanzelf, je zult ervoor moeten werken, hard moeten werken. En soms werk je lang door en is het nog niet af, of mislukt het ondanks al je goede bedoelingen. Het slechtste wat je kan gebeuren, is dat je er veel van geleerd hebt en realiseer je dat als het het meeste pijn doet, de investering het hoogst is.

VRIJMIBO GAME

Hippie hoolahoop

Neem een fietsband of een hoepel mee naar kantoor.
We gaan in een kring zitten, hand in hand. Vervolgens
geven we de opgeblazen fietsband of de hoepel aan
elkaar door, zonder dat hij de grond raakt. Ondertussen
vertellen we elkaar waarom het zo fijn is in ons bedrijf te
werken. De winnaar is degene die het langste meedoet.

ZATERDAG – ZONDAG

3 - 4
JUNI

1E PINKSTERDAG

Voodoo-marketing

Hoe kan het dat consumenten zich nog altijd gemakkelijk laten beïnvloeden? *Voodoo-marketing* legt bloot hoe bedrijven dat doen en hoe consumenten zich daartegen kunnen wapenen. Er is niets mis mee dat er dagelijks nieuwe technieken en strategieën worden bedacht om producten of diensten aan de man te brengen of gedrag te beïnvloeden. Maar als de consument niet weet welke technieken en strategieën dat zijn, is sprake van een oneerlijke 'strijd'. Dit boek zorgt voor een level playing field: het laat zien hoe je de nieuwste verkoopmethoden kunt ontdekken en hoe je jezelf daartegen kunt beschermen.

Ronald Voorn & Jan Dijkgraaf, *Voodoo-marketing*.
Adfo Books, 2015.

Mislukken bestaat niet

De definitie van een mislukking is een plan dat niet het gewenste resultaat oplevert. Wil je weten hoe je nooit mislukt? Maak een plan waarmee je lol gaat maken, waarvan je gaat leren en je best gaat doen om resultaten te behalen. Lijkt me sterk als dat alle drie mislukt.

DIERENDINSDAG
De zebra in jou

Laat je niet te veel cultiveren door de boekhouders en managers in je bedrijf. De zebra in jou helpt je eraan herinneren dat je een dier bent, zoals alle andere dieren. De zebra is nog nooit getemd, ondanks dat hij op paarden en ezels lijkt. De zebra in jou zorgt ervoor dat je bullshit van waarde kan onderscheiden, de mens in jou zorgt ervoor dat je dat niet uitspreekt. Blijf de zebra in jou wakker houden, altijd.

Span je in als het rustig is

Dacht jij vandaag een rustige woensdag in te gaan? Ik dacht het niet. Je potentie-energie boor je aan door gas te geven als het kan, door niet achterover te leunen, maar je extra in te spannen juist op momenten dat er tijd voor ontspanning zou zijn. Dan ben je proactief en inspirerend voor je omgeving en ontdek je je kracht.

Ontspan als het druk is

Dacht jij vandaag een drukke donderdag in te gaan?
Ik dacht het niet. Je warmte-energie boor je aan door
gas terug te nemen als het eigenlijk niet kan, door niet
nog harder te rennen, maar juist op momenten dat er
hoogspanning is een meditatief momentje in te zetten.
Dan ben je een rustpunt en inspirerend voor je omgeving.
Mediteer elke dag tien minuten, tenzij het druk is, doe
het dan een uur.

VRIJMIBO GAME

Kantoorwinkel

We nemen tien voorwerpen uit kantoor die met enige regelmaat gebruikt worden. De telefoon, pen, schrijfblok, koffiemok, tot we bij tien zijn. We schrijvende namen van de voorwerpen op papiertjes en gaan ze vervolgens allemaal een andere naam geven. Dus de telefoon heet vandaag kapstok, de pen schrijfblok et cetera. Als je het fout zegt, krijg je een strafpunt, bij vijf strafpunten ben je af.

ZATERDAG - ZONDAG

10 - 11
JUNI

Nu!

Innerlijke kracht kun je trainen en verbeteren. En het mooie is: dat is niet eens zo moeilijk. Een kleine koersverandering kan je een boost geven en stuurt je leven in de richting van een doel dat beter voor je is. Beeld je in dat je heel rustig bent. Los van wat er om je heen gebeurt. Stress, zorgen, ergernis – het krijgt geen vat op je. Jij ziet niet eindeloos de tijd door je vingers glippen, want je slaagt erin om aanwezig te zijn. Met je gedachten, je gevoelens, je zintuigen.

Erik Bertrand Larssen, *Nu!*
Boom uitgevers Amsterdam, 2016.

Door kaart te kijken, schiet je niet op

Als je naar China wilt lopen, dan moet je door Duitsland, Rusland en Mongolië. En nog een paar landen lijkt me. Als je je route hebt uitgestippeld en je eerste doel is bijvoorbeeld Arnhem, dan kan die kaart voorlopig in de rugzak. Veel mensen in het werk maken de vergissing voortdurend op de kaart te kijken. Handrem eraf en gaan, Arnhem is bij Utrecht linksaf!

DIERENDINSDAG
De kalkoengier in jou

Elk dier is nog in ons DNA aanwezig, dus ook de kalkoengier. De kalkoengier poept over zijn eigen voeten zodat ze lekker koel blijven in de brandende zon. Getsiediksie? De kalkoengier in jou zorgt ervoor dat je je eigen tekorten accepteert, je slechte gedrag niet met iedereen deelt en je, uiterlijk althans, fris en fruitig blijft en een fijne collega. Als ze maar niet aan je voeten gaan ruiken.

Wat je collega's van je vinden is worst

In je werk gaat het erom dat je waardevol bezig blijft, op je inspanning blijft focussen en niet gaat wijzen naar anderen als het eens tegenzit. Je collega's, en zelfs je manager, bepalen niet of jij je best hebt gedaan en naar eer en geweten hebt gehandeld. Van wiens mening mag je je wel wat aantrekken? Juist ja, die van jezelf.

De vraag is de oplossing

In je werk ben je geneigd te zoeken naar antwoorden. Een leverancier is failliet of je krijgt geen goede sollicitanten voor een project waar veel van gaat afhangen. De oplossing is een vraag, niet het antwoord. Stel de juiste vragen en je problemen zijn voorbij. Hoe vind ik een nieuwe supplier? Wat zijn de criteria voor een goede projectmanager? Stel de vraag zo vaak mogelijk, formuleer hem opnieuw en opeens is je probleem opgelost.

VRIJMIBO GAME

Vliegtuigje

Maar dan anders. We zetten een prullenbak aan het einde van kantoor en verdelen ons in groepjes van twee. Een is de vliegtuigontwerper, de ander de piloot. De ontwerper geeft een A4'tje aan de piloot met instructies hoe hij moet vouwen. De piloot mag niets zeggen. Als het vliegtuigje af is, mikt de piloot op de prullenbak. Het team dat het eerst een vliegtuig in de prullenbak laat landen, heeft gewonnen.

ZATERDAG - ZONDAG

17 - 18
JUNI

Vertrouw me,
ik ben verkoper

Bij een verkoper denken de meeste mensen meteen aan een opdringerige en zelfzuchtige geldwolf. Dat beeld is zo hardnekkig, dat ook verkopers zelf zijn gaan geloven dat je zonder wolvenstreken nooit een goede verkoper wordt. Onzin! In deze digitale, transparante wereld is een succesvolle verkoper eerder een loyale hond die begaan is met zijn klanten en streeft naar duurzame klantrelaties. Aan de hand van talloze herkenbare verkoopsituaties legt de auteur steeds duidelijk uit wat de wolf en wat de hond zou doen. Zo leer je vanzelf hoe je klanten écht helpt.

Yuri van der Sluis, *Vertrouw me, ik ben verkoper.*
Business Contact, 2016.

Geluk zit niet in geluk

Boeken vol zijn er geschreven over geluk en hoe je dat wel of niet vindt. Daar kan nog wel een kalenderblaadje bij. Als je denkt dat geluk bereikbaar is, zoals de top van een berg of een haven als je op zee zit, dan word je het nooit. Geluk is blijven streven naar iets beters, blijven werken, je bent er nooit. Gelukkig zijn is een werkwoord.

DIERENDINSDAG

De mot in jou

Over de mot is niet zo heel veel bekend, maar wel dat hij niet kan vliegen tijdens aardbevingen. Geen idee hoe de biologen daar achter zijn gekomen, maar het is zo. Ook jij hebt een mot in jou die ervoor zorgt dat als het echt spannend wordt, je niet beweegt, maar even wacht tot de storm gaat liggen. Gaat je bedrijf failliet? Word je ontslagen omdat het je niet meer lukt? Blijf in het hier-en-nu rustig stilzitten, blijf ademen, er is altijd een oplossing en een keuze. Elke aardbeving eindigt.

Je prioriteitenlijstje

Heb jij ook een takenlijstje? Met dingen die je nog
moet doen, mensen die nog gebeld moeten worden
en deadlines die gehaald moeten worden? Maak een
plekje boven aan het lijstje vrij en schrijf daar je naam.
Want pas als jij tijd en prioriteit aan jezelf geeft, lukt
de rest van je lijstje.

Vandaag weet je het niet

Het lijkt alsof slimme mensen veel weten, maar dat is
niet zo. De beste vraag is de vraag waarop niemand het
antwoord weet. De slimste mens is degene die hardop
zegt dat hij het antwoord niet kent. De gelukkigste mens
is degene die accepteert dat hij het antwoord niet weet.
En vandaag ben jij dat.

The Google championships

Iedereen mag deze vrijmibo achter zijn computer blijven zitten. Start google en om de beurt mag iedereen een vraag stellen waarvan het antwoord via Google te vinden is. Bijvoorbeeld: wie was de burgemeester van Collioure in 1950? Antwoord: Marc Banyuls. Als je het antwoord gegoogeld hebt, roep je het en wie het eerst bij tien is, heeft gewonnen.

The Google
championships

BOEK

Top 10 voor topteams

Een topteam bouwen is niet makkelijk. Een team laten excelleren vraagt om veel kwaliteiten, van de teamcoach en ook van de teamleden. En heb je eenmaal een sterk team opgebouwd, dan vraagt dit om onderhoud en waakzaamheid. *Top 10 voor topteams* biedt een gereedschapskist voor managers, teamleiders en medewerkers om samen een sterk team te bouwen. Het bespreekt klassieke handvatten voor teamontwikkeling en zit ook boordevol vernieuwende methodes, concepten en denkwijzen. Het daagt uit tot schakelen tussen meerdere zienswijzen en verder kijken dan je neus lang is.

Viktor Steijger, Stephen Steijger, Erik Steijger & Corrien de Jongh, *Top 10 voor topteams*. Uitgeverij Boom Nelissen, 2015.

Doen is het beste leren

Zit je vandaag voor een moeilijke taak? Moet je voor het eerst een presentatie geven voor de voltallige directie? Een nieuw IT-systeem leren kennen? Ga je voor de eerste keer iemand aannemen of ontslaan? De beste manier om iets te leren, is om het te doen. Maak je dus nu vooral geen zorgen, achteraf weet je precies wat je de volgende keer beter gaat doen.

DIERENDINSDAG
De zombie en de ophiocordyceps unilateralis in jou

De *ophiocordyceps unilateralis*, een schimmel, besmet mieren en bestuurt ze op afstand. Hij laat ze naar zich toe kruipen, daar sterven ze en dan eet hij ze op. De mieren hebben geen eigen wil meer, ze gehoorzamen de schimmel. Gezonde mieren herkennen de besmette mieren en brengen ze ver weg van de kolonie tegen besmetting. Wie is in jouw bedrijf de schimmel en wie de zombiemier? Tip: ze zitten alle twee in jou.

Wie betaalt, bepaalt

De reden dat ondernemers succes hebben, is omdat bedrijven, in tegenstelling tot overheidsorganisaties, niet democratisch zijn. Ze bepalen de regels van hun speeltje en als hun ideeën kloppen, wordt het een succes. Zo niet, dan is het hun eigen schuld en tenzij ze anderen hebben laten meebepalen, uh, betalen, ook hun eigen verlies. Als te veel mensen ergens voor betalen, wordt er niets bepaald.

Stuur iedereen zonder voorbereiding de vergadering uit

Ga jij vandaag vergaderen en wordt er naar feiten gevraagd? Opent de voorzitter met de vraag 'Hoe staat het met de resultaten van jouw project?', dan antwoord je: 'Die heb ik eergisteren rondgestuurd naar alle deelnemers, daar ga ik nu niet verder op in.' Een vergadering is bedoeld om meningen uit te wisselen en besluiten te nemen, niet om informatie te delen.

VRIJDAG

30

JUNI

VRIJMIBO GAME

Paperclip Olympics

Iedere deelnemer buigt een paperclip en legt hem plat op een tafel. Door met een vinger op het omhoogstekende deel te tikken vliegt de paperlip de lucht in. Punten zijn er te halen met hoogspringen, mooi springen, door een hoepel springen of verspringen. Let the games begin!

ZATERDAG - ZONDAG

1 - 2
JULI

Heldenmerk

Reclamemensen krijgen zo'n beetje alles verkocht. Dit boek vat samen hoe we naar reclame kijken, maar ook hoe marketeers daar verstandig op kunnen inspelen. Hoe worden personen en merken bijvoorbeeld onsterfelijk? Wat onderscheidt een heldenmerk van de concurrentie? Via voorbeelden laat Van der Stighelen de mechanismen van sterke reclame en communicatie zien. Want enkel wie die bouwstenen kent, heeft pas echt een heldenmerk in handen.

Guillaume Van der Stighelen, *Heldenmerk*.
LannooCampus, 2015.

Als je een probleem hebt dat je niet op kan lossen, hoef je je ook al geen zorgen te maken

Wat heeft het voor zin om je druk te maken over het weer als je een picknick gepland hebt? Je kan het weer niet beïnvloeden, het ligt buiten je bereik. Natuurlijk is het onprettig als je vrienden en familie in het park staan te wachten en je soep wordt verdund met regenwater. Maar je kan het weer toch niet veranderen, dus maak je er ook geen zorgen over.

DIERENDINSDAG
De Bokito in jou

Bokito was een gorilla in Blijdorp die verliefd werd op een bezoekster die hij in zijn harem wilde sleuren. Hij brak door hekken en sprong over hindernissen die tot dan toe als 'Bokitoproof' werden beschouwd. Bokito woont ook in jou. Heb je een goed idee waar je bloed sneller van gaat stromen, houd je dan niet aan grenzen. Beuk er doorheen, vecht je vrij, jouw idee is het waard!

Buiten werken

Altijd een risico, ik schrijf deze pagina meer dan een jaar voordat jij hem leest. Ik hoop dat het een warme dag is en dat deze zomertip ergens op slaat: ga vandaag buiten werken. Zorg voor een windvrije plek, voldoende water en zet een pet op. Mensen zijn niet gemaakt om hun dagen op een stoffig kantoor te slijten. Werk ze!

Doorzetters worden beloond

Hoe ruimt een mier een karkas van een dood hert op? Stapje voor stapje. Zonder te denken aan het eindresultaat, ingaand op wat hij te doen heeft. Soms lijkt de berg werk die voor je ligt zo groot dat de moed je al bij voorbaat in de schoenen zinkt. Denk niet aan het eindresultaat, maar geniet er wel van als je eenmaal zo ver bent gekomen.

VRIJMIBO GAME

Taken verdelen

Schrijf allemaal een taak op een velletje papier en maak
er een propje van. 'Haal koffie voor iedereen' of 'Bel alle
klanten en zeg dat we zo blij met ze zijn' of 'Neem rust,
ga naar de Starbucks de rest van de dag, koffiedrinken
en mensen kijken' et cetera, wees creatief. Stop de
prullen in een doos en haal er een taak uit.
Succes met de uitvoering.

iDNA – duurzaam leren innoveren

Zonder creativiteit en innovatie is een bedrijf ten dode opgeschreven. We kennen allemaal voorbeelden van bedrijven die prachtige producten en diensten aanboden en daar geweldige resultaten mee behaalden en die te laat zagen dat de wereld om hen heen veranderde. En die te laat, of zelfs helemaal niet, innoveerden, omdat ze te lang vasthielden aan hun oude businessmodel. Innoveren is vandaag de dag een must, en creatief denken een basisvoorwaarde. Met dit boek word je duurzaam creatiever en innovatiever. Iedereen heeft het innovatie-DNA in zich. Je moet het alleen wel ontwikkelen.

Harry van der Schans, *iDNA – duurzaam leren innoveren.*. Thema, 2015.

Hoor wat niet gezegd wordt

Een betoog is vaak als een sterrenhemel: er worden een paar puntjes verlicht, maar het is meestal toch sterrenstof en duisternis wat je hoort. Probeer eens na te gaan wat er in een vergadering allemaal niét gezegd wordt. Welke onderwerpen worden niet aangeroerd? Als je een verhaal van een collega hebt gehoord en je ziet zijn sterrenhemel, hoe zou jij dan zijn verhaal vertellen?

DIERENDINSDAG
De lynx in jou

De lynx is onzichtbaar, bijna niet te vinden voor mensen,
op zijn ogen na, want die schitteren als hij ze opendoet.
Jij hebt ook een lynx in je. Onzichtbaar doe je je werk,
hardwerkend, onzichtbaar. Niet elke dag, maar je kent vast
het gevoel dat je kunt hebben van de scheidsrechter:
die heeft de perfecte wedstijd gefloten als je hem niet
gezien hebt.

Los het nou eens niet op

Een probleem is een barrière tussen jou en de gewenste toekomst. De app die we in onszelf hebben geprogrammeerd, gebiedt ons om problemen op te lossen, want alleen dan komen we verder. Vandaag ga je je problemen eens niet oplossen. Wie weet kom je er op een andere manier of wil je eigenlijk toch ergens anders heen.

WOENSDAG

12

JULI

Laat het, nou eens hier op

Iedereen een eigen coach

Ik pleit er al jaren voor dat iedereen een eigen coach neemt. Dit advies geef ik niet om de groeiende beroepsgroep van coaches aan werk te helpen, hoewel ik het ze van harte gun. Er is een coach die je echt wel vaker mag inzetten. Iemand die jou goed kent en het beste met je voor heeft. Inderdaad, je bent het zelf.

Afpakkertje

Pak zo veel mogelijk spullen van kantoor en probeer om ze een minuut lang vast te houden terwijl anderen ze van je af willen pakken. Wie na een minuut de meeste voorwerpen in zijn handen vastheeft, is de winnaar. Wie iets kapot maakt, wordt gediskwalificeerd. Dus pak niet te weinig spullen, dan kun je ze goed bewaken, maar win je niet. Pak ook niet te veel, want dat kun je nooit bewaken.

Adviseren vanuit het geheel

De organisatie adviseren waar je zelf in werkt: hoe word je gehoord in het gekrioel van meningen, behoeften en belangen? Waarom gaat dat zo en wat is daarin jouw plek? Hoe verbind je al die teams, professionals, managers en bestuurders? Intern adviseren is vooral een rol in de schaduw. Niet nóg iemand die met zijn veren pronkt. Maar het is daardoor ook zwaar onderschat. Er is zelfs nauwelijks over geschreven. Terwijl vele duizenden het elke dag doen. Voor hen is er dit boek. Dan zou het moeten kunnen lukken.

Paul Kloosterboer, *Adviseren vanuit het geheel*.

Vakmedianet, 2015

Word je bijna ontslagen?
Bel een consultant

Stel je hebt tegen iedereen in je bedrijf verteld dat dat project nog in juli afkomt, of dat die grote prospect nog deze maand gaat landen, dat de IT-problemen nog voor augustus zijn opgelost of dat die vacatures nog voor het einde van de vakantie zijn ingevuld. En stel, je contract hangt ervan af. En stel, je gaat het niet halen. Huur dan als de wiedeweerga een consultant in, geef die de schuld of laat de consultant de schuld geven aan je baas ofzo. Of zoek ander werk.

DIERENDINSDAG
De kat in jou

Uren slapen ze achter glas en als ze een muisje zien, dan sluipen ze er in stilte op af om genadeloos in één klap toe te slaan. Vervolgens spelen ze het arme muisje dood, om er zeker van te zijn dat ze het veilig op kunnen eten. Mijn kat, Habibi genaamd, geeft ze me dan weleens cadeau door ze op mijn schoot te leggen, zo lief. Wij zijn ook jagers, al zien we er nog zo schattig uit. We kennen geen mededogen voor collega's, bazen of klanten. Ontkennen is zinloos, je weet het best.

Vandaag geen mail sturen

Zo concreet is een scheurkalenderblaadje zelden, maar vandaag moet het even. Je wilt toch ook de prijs van deze kalender terugverdienen? Vandaag kan dat. Bel terug als iemand een antwoord verwacht of loop langs zijn of haar bureau. Mail is leuk en aardig voor het uitwisselen van feiten, maar als je wilt dat er iets gebeurt met je boodschap, zoek dan het echte contact op. Het rendement van dit advies zal hoog zijn, let maar op.

Zeg nooit altijd

Alles is relatief, over 100 jaar is iedereen vergeten waar jij je deze donderdag tijdens je werk druk over maakt. Pas daarom vaak op met het woordje 'Altijd', want meestal klopt het niet. Vaak wordt het toch weer achterhaald, al duurt het soms even. Dus gebruik het nooit, uh ik bedoel, niet vaak. Pff, dat zelfs de uitspraak 'alles is relatief' met een korreltje zout moet worden genomen, zei Einstein er niet bij.

VRIJMIBO GAME

Ken elkaar

Iedere deelnemer schrijft op drie papiertjes drie karaktereigenschappen waarvan hij denkt dat die bij hem horen. De papiertjes verdwijnen in een beker. Een van de deelnemers haalt ze er een voor een uit en zegt hardop wat erop staat. Door stemming wordt besloten bij wie deze karaktereigenschap hoort. De meeste stemmen gelden en die persoon krijgt het papiertje terug. Welke eigenschappen had je over jezelf opgeschreven en welke krijg je terug? De winnaar is degene die zichzelf het beste kent, oftewel degene die de meeste van zijn eigen papiertjes terugkrijgt.

Social business now

In 1998 werd nog betwijfeld of de mobiele telefoon zou aanslaan bij het brede publiek; altijd bereikbaar zijn, was dat nou nodig? Maar tegenwoordig sta je voortdurend met je vrienden in contact, en heb je met een paar drukken op de knop toegang tot het internet. Ook organisaties beginnen te begrijpen welke belofte dat continu bereikbaar zijn voor hen inhoudt en welke enorme veranderingen daarmee gepaard gaan. Dat daar nogal wat bij komt kijken, zal duidelijk zijn. Hoe je dat aanpakt, is bijna een vak op zich. Dit boek leert je de kneepjes van dat vak.

Sonja Loth, *Social business now*.
Thema, 2015.

Niet luisteren en denken tegelijk

Je bent een bijzonder mens, je kunt heel goed luisteren en heel goed denken. Maar maak niet de vergissing het tegelijkertijd te doen, want dan doe je alle twee slap en half. Je zit veel meer in de flow als je maar één ding tegelijk doet.

DIERENDINSDAG
De regenworm in jou

De regenworm woelt onder de grond en doet daar nuttig werk, graaft tunnels, verwijdert plantenresten en dat is allemaal goed voor de bodemstructuur. Wij mensen werken toch ook niet voor het applaus alleen? Wat is het heerlijk om nuttig en dankbaar, maar soms onzichtbaar te werken. De regenworm in ons geniet ervan.

Niet denken en praten tegelijk

Je bent een bijzonder mens, je kunt heel goed denken en heel goed praten. Maar maak niet de vergissing het tegelijkertijd te doen, want dan doe je alle twee slap en half. Je zit veel meer in de flow als je maar één ding tegelijk doet.

Niet praten en schrijven tegelijk

Je bent een bijzonder mens, je kunt heel goed praten en heel goed schrijven. Maar maak niet de vergissing het tegelijkertijd te doen, want dan doe je alle twee slap en half. Je zit veel meer in de flow als je maar één ding tegelijk doet.

. . . .

VRIJMIBO GAME

Letters husselen

Schrijf je voornaam en je achternaam in blokletters en knip de letters uit. Geef ze aan een andere deelnemer met de vraag er woorden van te maken, maar niet jouw naam. Verzin er een verhaal bij en de jury bepaalt de Winnaar. Bijvoorbeeld: Michiel Cobben wordt Mi Ben Boel Chic, oftewel Ik ben erg chic. Veel plezier.

De GroeiSpiraal

Al die groei. Moeten we wel (verder) willen groeien?
In welke richting? En hoe leiden we de veranderingen in
goede banen? Wie binnen organisaties te maken heeft
met groei en verandering, komt dit soort vragen tegen.
Vragen waar niet direct een pasklaar antwoord
op bestaat. De GroeiSpiraal is een model dat je stap
voor stap kunt doorlopen, of waar je een of meerdere
stappen uit kunt selecteren – net wat op dat moment
voor jouw organisatie relevant is.

Jack Korsten & David Gall, *De GroeiSpiraal*.
Van Duuren Management, 2015.

Niet schrijven en luisteren tegelijk

Je bent een bijzonder mens, je kunt heel goed schrijven en heel goed luisteren. Maar maak niet de vergissing het tegelijkertijd te doen, want dan doe je alle twee slap en half. Je zit veel meer in de flow als je maar één ding tegelijk doet.

DINSDAG

· · · · · · · · · · ·

1

AUGUSTUS

· · · ·

DIERENDINSDAG
De duif in ons

De duif staat voor vrede, voor liefde, voor de heilige geest
en voor de ziel. De duif werkte vroeger als postbezorger
en je kon er tijdens de Olympische Spelen van 1900
op schieten voor medailles. Tegenwoordig kun je er
wedstrijden mee vliegen en daarnaast schijnt hij heerlijk
te smaken aan het spit. De duif biedt voor iedereen wat
wils, dus spreek de duif in jou aan tijdens je werk, dan zul
je snel de meest populaire medewerker van je bedrijf zijn.

Je doel halen is echt saai

Want wat moet je daarna? Het streven, het vechten voor je doel was fijn. Maar nu je er bent, weet je het even niet meer. De opdracht is binnen, het project afgerond en dan? Geen nood, elk doel dat je hebt gehaald, blijkt een deur te zijn naar, juist, een volgend doel. Wel eerst even vieren dat je het gehaald hebt voor je weer doorgaat.

DONDERDAG

3
AUGUSTUS

Geef altijd je hele budget uit

Het is echt een beginnersfout om te denken dat je
vrienden maakt bij de directie door minder uit te geven
dan je vooraf had gebudgetteerd. Welnee, je had een
plan, daar hoorde een budget bij en je hebt niet het volle
eruit gehaald. De conclusie is dat je niet kunt budgetteren
of dat je kansen hebt laten liggen. Meevallers? Zorg dat
je een nieuwe bestemming voor je budget vindt, dat
eveneens bijdraagt aan het doel waarvoor je het
hebt gekregen.

· · · ·

VRIJMIBO GAME

De ballonvaart

Alle deelnemers staan in een kring en stellen zich voor dat ze in een ballon zitten die hoogte verliest. Alle ballast is al gedumpt, het gaat er nu om dat er mensen overboord gaan. Iedereen mag een pleidooi voor zichzelf houden, elke twee minuten roept iedereen een naam en degene die het meest genoemd wordt, valt af. Hij of zij mag wel blijven mee roepen, totdat de laatste deelnemer in de ballon zit.

ZATERDAG - ZONDAG

5 - 6
AUGUSTUS

Briljante businessmodellen in finance

Veel bestaande businessmodellen in finance zijn niet toekomstvast. Voor continuïteit en groei moet een heldere en waardevolle bijdrage worden geleverd voor klanten, aandeelhouders, medewerkers én de maatschappij. Dat vraagt visie en een strakke doorvertaling in de bedrijfsvoering. Om waardevol en relevant te blijven kijk je veel verder terug én denk je veel verder vooruit dan gebruikelijk. Laat je daarom inspireren door 19 cases van organisaties die het anders deden, doen en gaan doen.

Jeroen Kemperman, Jeroen Geelhoed & Jennifer op 't Hoog, *Briljante businessmodellen in finance*. Academic Service, 2015.

Hard werken zonder talent levert meer op dan talent dat niet werkt

Het mooiste is uiteraard iemand die talentvol is en zich op alle fronten inzet. Maar als je dan toch moet kiezen, krijgt degene die zich hard inzet maar misschien wat minder talentvol is, meer voor elkaar dan de getalenteerde persoon die zich niet inspant.

DIERENDINSDAG
De lama in jou

Lief beestje, die lama's. Ze zijn goede lastdieren, leveren wol en vlees. Maar als je ze lastigvalt, dan komen ze lastig uit de bocht: ze spugen, jakkes. We hebben allemaal een lama in ons, zeker op het werk. We doen nuttig werk, zijn lief en aardig voor onze omgeving, maar we kunnen soms echt naar uit de hoek komen. Geeft niks, komt door de lama in jou.

Je baan houdt van jou

Huh? Schrijffout? Het is toch andersom? Hoe kan een baan van iemand houden? Nou dat kan, een baan is bedoeld om de wereld een klein stukje te verbeteren en daarom voor jou een ideale mogelijkheid om je bijdrage te leveren. Fijn hè, van die baan? Hij houdt van jou.

Bereiken is hetzelfde als ver reiken

Als je doelen te makkelijk zijn, word je vanzelf lui. Als ze te lastig te bereiken zijn, dan raak je gefrustreerd en bereik je ook niks. Als ze net lekker ver liggen, precies zo ver dat ze met de uiterste inspanning te halen zijn, dan werk je lekker en ga je wat bereiken.

VRIJDAG

11

AUGUSTUS

VRIJMIBO GAME

Moeilijke vragen

Verdeel de groep in tweeën. Iedere groep verzint vijf
moeilijke vragen over het werk, bedrijf of de klanten,
waar ze zelf het antwoord op weten. Deze vragen worden
aan de andere groep gesteld en uiteraard wint de groep
met de meeste goede antwoorden.

ZATERDAG - ZONDAG

12 - 13
AUGUSTUS

Waar haal je de energie vandaan?

Energie is de beste voorspeller van succes. Energieke mensen zitten beter in hun vel, gedragen zich actiever en presteren beter. Maar waar haal je die energie vandaan? Hoe laad je jezelf voldoende op, zodat je bestand bent tegen de hectiek van alledag en steeds weer het beste uit jezelf weet te halen? In dit boek lees je hoe je je mentale, emotionele en sociale energiebronnen vindt én activeert. Zodat je dagelijks met 100% energie aan de slag kunt gaan.

Hans van der Loo & Patrick Davidson, *Waar haal je de energie vandaan?*
Anderz, 2016.

Je eigen goeroe

Vandaag sluit je alles wat je zegt af met een enkele zin.
Kies er een van deze kalender of verzin er zelf een, kijk
maar. De zin kan bijvoorbeeld zijn: 'Bereiken is hetzelfde
als ver reiken'. Die is nog vers van afgelopen donderdag.
Hiermee word je vanzelf een goeroe, want je kunt beter
een enkel dogma hebben dan een brede visie. Word
je niet serieus genomen met je oneliner? Neem een
paardenstaart en ga op blote voeten door kantoor lopen.

DINSDAG

15

AUGUSTUS

DIERENDINSDAG
De slang in jou

De slang in ons is een vijand, een symbool van het kwaad.
Hij is giftig en gemeen. En ja, ook de slang zit in jou, als je
dat ontkent en wegstopt, bijt hij in je ingewanden. Bedenk
je ook dat de slang meer vijanden heeft dan vrienden
en dat slechts 15 procent van alle slangen giftig is. Wees
daarom maar een beetje lief voor je slang, erken dat je
vijanden hebt, maar veel meer vrienden.

Volg je droom en werk er hard aan

Het valt op dat veel mensen een droom hebben in hun werk, maar zodra er hard gewerkt moet worden om die droom te bereiken, hebben ze alweer een andere droom. Bij werk hoort altijd een andere kant, een investering, een inspanning. Gelukkig is werken genieten van het werken aan je droom. Geniet lekker hard vandaag.

Signalen voor een burn-out

Lastig zo'n burn-out. Het kost tijd, geld en een hoop moeite om te herstellen. Dus hierbij de checklist om te weten of jij binnenkort een burn-out krijgt.
1 Is jouw werk belangrijk?
2 Neem je het heel serieus?
Twee keer Ja? Dan komt hij er zo aan.

VRIJMIBO GAME

Teken het maar

De groep wordt in groepjes van twee deelnemers opgesplitst die met de ruggen naar elkaar toe gaan zitten. Ieder groepje wijst een tekenaar aan die in een minuut een tekening maakt, zonder dat de ander kan zien wat hij tekent. Als de tekenaar klaar is, gaat hij uitleggen aan zijn medespeler wat hij getekend heeft en wat waar staat. De ander gaat nu de tekening namaken, zonder te kijken, op basis van de instructies van zijn medespeler. Het groepje met twee tekeningen die het meest op elkaar lijken wint.

ZATERDAG - ZONDAG

19 - 20
AUGUSTUS

De Veranderversneller

De Veranderversneller leert je een goed veranderverhaal te maken dat je helpt je doel te bereiken. Veranderkundig redeneren staat daarbij centraal. Dat doe je door te puzzelen én te spelen met de vijf vragen die iedereen altijd stelt bij een verandering: waartoe, wat, waarom, hoe, en wie? Het vinden van goede antwoorden op de vragen is veel minder vanzelfsprekend dan het stellen van de vragen. Vakmatig redeneren helpt om tot goede antwoorden te komen. *De Veranderversneller* bevat een schat aan praktisch toepasbare veranderkundige kennis waarmee je voor je eigen veranderopgave een goed verhaal kunt maken.

Kilian Bennebroek Gravenhorst, *De Veranderversneller*.
Academic Service, 2015.

Plan geen mazzel in

Werk hard, consciëntieus en geef je uiterste inspanning.
Als je denkt dat je taak afkomt doordat je mazzel hebt en
dingen vanzelf jouw kant opvallen, dan ben je lui, dat gaat
niet werken. Houd er dus geen rekening mee.

DIERENDINSDAG
De dinosaurus in jou

Ze zijn al eventjes uitgestorven, maar ze leven nog in jou. Ook in het werk ben je soms een dinosaurus, met standpunten die niemand meer herkent en met herinneringen aan momenten waar niemand van het huidige team meer bij was. De dino heeft ook nu nog zijn functie, al was het maar omdat we allemaal willen weten waarom hij uitgestorven is, om te zorgen dat ons niet hetzelfde gaat overkomen. Geef de dino in jezelf niet te veel ruimte, in het hier-en-nu is het te doen!

Breek de regels

Regels zijn verzonnen door controlfreaks die denken dat
een dynamisch geheel als jouw bedrijf en de bedrijven
waarmee het samenwerkt te beheersen is door regels af
te spreken. Als alles zich aan hun regels houdt zal er orde,
voorspelbaarheid en rust zijn. Hahaha, herkenning? Heb
jij ook zo iemand in je bedrijf? Maak hem wakker, hij zit er
compleet naast.

Breek de regel over de koffiepauze

Hebben jullie nog een koffiepauzemoment? Zo ja, dan doe jij vandaag niet mee. Tijdens die afgesproken pauze heb je een belangrijk telefoontje te plegen, of kijk je overgeconcentreerd naar een spreadsheet en roept 'zo klaar' als de koffiepauze wordt aangekondigd. En kies vandaag je eigen moment om even lekker in de zon te zitten en te niksen.

VRIJDAG

25

AUGUSTUS

VRIJMIBO GAME

De bucketlist

Iedere deelnemer schrijft vijf punten op een lijst die hij wil bereiken voordat hij naar een andere baan vertrekt, bij voorkeur door een interne sollicitatie. De andere deelnemers gaan raden wat er op ieders bucketlist staat en degene die het beste de lijstjes van de anderen kan voorspellen, heeft gewonnen.

De hei op!

Iedereen kent ze wel: heidagen. Lekker uit de normale omgeving een beetje met elkaar reflecteren. Maar hoe komt het dat de effecten van heidagen op de lange duur vaak verdwijnen? Hoe zorg je er als teamcoach én als leidinggevende voor dat een teaminterventie succesvol wordt? Opdrachtgevers, leidinggevenden en hr-professionals kunnen met *De hei op!* de juiste keuzes leren maken: wat is het beste antwoord op de situatie in dit team? Welke interventie is gewenst? En als je besluit met elkaar de hei op te gaan: wat kun je doen om de effecten zo duurzaam mogelijk te maken?

René Meijer en Lex Mulder, *De hei op!*
Uitgeverij Boom Nelissen, 2015.

Breek de regel over vergaderkamers

Hebben jullie ook van die apps die je moet downloaden en invullen voordat je een vergaderkamer mag boeken? Die dan down gaan of aangeven dat tot november 2031 alle kamers bezet zijn? Vandaag ga je gewoon een vergaderzaal in, de mooiste, en gaat daar werken. Bestel ook je lunch daar en zeg dat je met iets heel belangrijks bezig bent. Als ze vragen wat dat is, zeg je 'ik ben regels aan het breken'.

DIERENDINSDAG
De chimpansee in jou

In deze tijd van regels breken merken we allemaal dat de chimpansee nog volop leeft in ons. De chimpansee mag pas paren als het alfamannetje het hem toestaat. Denk je dat de jonge chimpansees, vol met hormonen, zich daaraan houden? Nee toch. En hoe lang denk je dat een groep chimpansees erover doet om uit te sterven als iedereen zich aan die regel zou houden? Klopt, niet heel lang. Dus voed de chimpansee in jou!

Breek de regel over de rij bij de copier

Staat er een lange rij bij het kopieerapparaat? Of bij de koffie? Of bij de helpdesk van de IT-afdeling? Stap er dan met grote stappen op af, roep 'Sorry, haast, belangrijk' en dring voor. Lekker hè?

Breek de regel over de parkeerplekken

Staat er een bordje naast de deur van jouw bedrijf met daarop 'gereserveerd, directie'? Mooi, dan parkeer jij vandaag op die plek. Doe een briefje met je mobiele nummer onder de ruitenwisser en als de baas belt, dan zeg je dat hij niet belangrijker is dan ieder ander in het bedrijf en dat hij bovendien wel wat extra lichaamsbeweging kan gebruiken.

VRIJMIBO GAME

Vliegtuigje vouwen

Schrijf een woord op een papiertje waarvan jij vindt dat het een mooi onderwerp is voor een vergadering. Bijvoorbeeld 'kwaliteit' of 'klantgerichtheid' of 'efficiency'. Vouw een vliegtuigje van je stuk papier, gooi het weg en het thema op het vliegtuigje dat het verst is gekomen, wordt vandaag het onderwerp. De vouwer wordt voorzitter van de vergadering.

Het dodo-effect

Vandaag een uitgestorven dier. *Het dodo-effect* biedt een bonte verzameling van menselijk gedrag in al zijn facetten, van klokkenluiders tot het dodo-effect en van injaloetitis tot de trivialiteitswet van Parkinson. Dit boek presenteert gedrag dat bijna dagelijks voorkomt, maar in de managementliteratuur zelden aan bod komt. Vaak herkenbaar, soms pijnlijk, af en toe hilarisch, maar ook met oplossingen vanuit de dagelijkse praktijk. Dit maakt gedragsverandering binnen organisaties, gericht op leiders en medewerkers met oprechte intenties, grijpbaar en concreet.

Gyuri Vergouw, *Het dodo-effect*.
Uitgeverij Boom Nelissen, 2015.

Hoera, een boze klant

Boosheid is een teken van betrokkenheid. Als een klant boos is, dan betekent het dat jij je verwachtingen niet hebt waargemaakt, terwijl daar wel op gerekend was. Geef ruimte aan zijn boosheid en vraag aan de klant wat hij wel had verwacht en waarom. Geef toe als je iets fout hebt gedaan en doe je uiterste best het op te lossen. Dit wordt je fijnste klant ooit.

DIERENDINSDAG
De puppy in jou

Verwaarloos de puppy in jezelf niet. Iedereen op het werk heeft aandacht nodig en alle dagen van het jaar geef jij aandacht waar je denkt dat het nodig is. Vandaag mag je zelf puppy zijn, lekker geaaid worden. Sta je in de rij bij de copier? Zit jouw favo koffiesmaak niet meer in het apparaat? Ga gewoon hardop huilen en wacht tot je een knuffel en een aai krijgt. Uitermate helend!

Hoera, je baas is boos

Fijn hoor, je baas. Iemand met zo veel talenten die jou in zijn team heeft opgenomen en wiens werklot aan dat van jou is verbonden. En uiteraard maak jij fouten, kom je verwachtingen niet na en heb je de laatste week van augustus allerlei regels gebroken. Nu is hij boos en dit is je kans om het goed te maken en voor altijd zijn favo medewerker te worden.

Yes! Een boze collega, lekkerrr!

Van je collega's moet je het hebben. Je ziet ze vaker en langer dan je eigen gezin en hoewel je thuis – komt in de beste families voor – weleens ruzie hebt, blijf je met je collega's altijd wat voorzichtiger. Althans, ik. En vandaag heeft een collega besloten dit te doorbreken en eens lekker boos te worden. Bedank hem ervoor, geef een knuffel en los het op.

Blinde rechthoek

Een deelnemer is de leider, alle andere deelnemers zijn geblinddoekt. De leider heeft een groot stuk touw en vraagt de deelnemers om het touw op te pakken en een mooie rechthoek te maken. Hij mag de deelnemers niet aanraken. Lukt het? Dan heeft iedereen gewonnen.

ZATERDAG - ZONDAG

9 - 10
SEPTEMBER

Strategisch talentmanagement

Hoe krijg je een strategisch en ambitieus talentmanagement van de grond, talentmanagement dat zich vooral richt op mensen, functies, rollen en contexten die er echt toe doen? Deze vraag hebben de auteurs voorgelegd aan een aantal vooraanstaande denkers en practitioners op het gebied van talentmanagement. Het boek brengt ordening aan in de beschikbare overvloed aan definities van talent en biedt een overzicht van de verschillende perspectieven op talentmanagement en aanpakken om effectief en vooral strategisch met talent aan de slag te gaan.

Boudewijn Overduin & Job Hoogendoorn, *Strategisch talentmanagement*.
Vakmedianet, 2015.

Een goed idee doet pijn

Een idee waar iedereen achter staat, kan nooit werken. Een idee van iemand kiezen, betekent altijd dat je het idee van een ander niet kiest. Een idee dat geen pijn doet, is een idee dat door iedereen gedragen wordt en dus niet echt een keuze inhoudt. Wie geen pijn wil lijden, zal nooit een idee supporten. Ondernemen is risico nemen, dus ga ervoor, al doet het pijn.

DINSDAG

12
SEPTEMBER

DIERENDINSDAG
De goudvis in jou

Het geheim van de goudvis? Hij heeft geen geheugen. Elk uitzicht uit zijn kom is nieuw en hij blijft zich verbazen. Het is niet nodig druppeltjes Prozac in zijn kom te doen, hij heeft geen last van zijn beperkte bewegingsvrijheid. De goudvis in jou is het gelukkigste als hij in de flow, lekker binnen zijn comfort zone aan het werk is. Blub.

Non-profitorganisaties bestaan niet

Probeer eens iets te beschrijven door te vertellen wat het niet is, of niet kan. Zo heb ik hier iets in mijn hand waarmee je niet kan telefoneren, schrijven of de was kan doen. Enig idee? Het is een kop thee. Een non-profitorganisatie bestaat niet. Hooguit zijn er organisaties die aan een goed doel werken, een overheidstaak uitvoeren of een spiritueel hoger bewustzijn nastreven. Prima, maar zeg dat dan!

Leef vanuit je sterke punten

Veel ontwikkeling wordt ingezet met het idee dat je talenten wilt ontwikkelen die je minder hebt. Wat mij betreft stoppen we daarmee. Leef vanuit je sterke punten en ontwikkel die nog verder zodat je er kampioen in wordt. En vertrouw op andere mensen om jou aan te vullen op die punten waar je minder goed in bent.

VRIJMIBO GAME

Het uitvindersspel

Vandaag is iedere deelnemer een Nobelprijswinnende techneut met een onbeperkte fantasie. Hij presenteert zijn vinding aan de rest van het team en het is een vinding die zo knap is dat hij jullie hele organisatie in één disruptieve klap overbodig maakt. Werk je in een schoonmaakbedrijf? Dan heb je een robot uitgevonden die in een minuut een heel kantoor opruimt en schoonmaakt. Leg ook een beetje uit hoe hij werkt. Degene met het meeste applaus wint.

ZATERDAG – ZONDAG

16 – 17
SEPTEMBER

50 Verdienmodellen

Als ondernemer wil je continue geldstromen, geld voor opleidingen en investeringen, maar daarnaast ook tijd en geld voor die droomreis én goede doelen. Wie denkt dat dit boek over geld gaat, heeft het mis. Het gaat over vrijheid, het heft in eigen hand nemen in je leven. *50 Verdienmodellen* laat zien hoe je op een slimme manier je bedrijf inricht met de juiste online en offline verdienmodellen. Het boek leert je keuzes maken met de goede afwegingen, waarbij niet alleen omzet van belang is, maar ook de tijd en energie die je in het model kunt of wilt stoppen.

Jeanet Bathoorn & Petra Iuliano, *50 Verdienmodellen*.
Boom uitgevers Amsterdam, 2016.

Kwaliteit betekent minder hard verkopen

Iets met een hoge kwaliteit is iets waarvan de resultaten hoger zijn dan verwacht. Als je erg veel belooft over jouw product of dienst gaan de verwachtingen omhoog en zal het moeilijker worden om hoge kwaliteit te leveren. Dus beloof niet te veel, verkoop iets minder hard en de kwaliteit van wat je levert, zal omhoog springen.

DIERENDINSDAG
De kapucijnaap in jou

Er was eens ... een groep wetenschappers die kapucijnapen eten gaven in ruil voor een steentje. Maar de ene groep kreeg lekker veel en de andere karig. En wat gebeurde er? De apen die minder kregen werden boos en gooiden het beetje voedsel dat ze kregen terug naar de wetenschappers (hihi). De kapucijnaap in jou weet heel goed wanneer hij oneerlijk behandeld wordt, ook in je werk. Dus gooi terug als je het oneerlijk vindt.

Kwaliteit betekent iets harder werken

Iets met een hoge kwaliteit is iets waarvan de resultaten hoger zijn dan verwacht. Als jouw product of dienst gewoon waarmaakt wat het belooft, dan zal je een gewone kwaliteit leveren. Doe er net nog een schepje bovenop, lever iets meer dan je belooft en de kwaliteit zal hard omhoog gaan.

Wees eens wat luier

Luiheid is een onderschatte eigenschap. Luiheid levert ons op dat als we met minder inspanning hetzelfde of meer bereiken, dat we dat ook daadwerkelijk gaan doen. Vis de blaadjes van maandag en woensdag eens uit de prullenbak en stel jezelf de vraag; 'Wat is makkelijker, minder beloven of meer leveren?'

VRIJMIBO GAME

Tot honderd tellen

Deze vrijdagmiddag gaan we in kleermakerszit in een kring zitten met onze ogen dicht. We tellen tot honderd en weer terug in ons hoofd. Daarna zeggen we in stilte het alfabet op en tellen we weer tot honderd in ons hoofd en terug. Daarna gaan we lekker borrelen, nee, we gaan theedrinken vandaag. De winnaar is de sfeer in ons team, die zal volgende week beter zijn.

De slaaprevolutie

We zitten midden in een 'slaaptekortcrisis', schrijft Arianna Huffington. Dat heeft grote gevolgen. Alleen door onze relatie met slaap te herstellen kunnen we de controle over ons leven terugkrijgen. *De slaaprevolutie* laat zien hoe slechte slaapgewoonten onze gezondheid, werk, relaties, geluk en zelfs ons seksleven ondermijnen. Aan de hand van de nieuwste wetenschappelijke onderzoeken beschrijft Huffington wat er precies gebeurt als we slapen en dromen, en hoe onder meer onze technologieverslaving ons slaapritme verstoort. Met tips en aanbevelingen van toonaangevende wetenschappers, zodat we optimaal van de kracht van slaap kunnen profiteren.

Ariana Huffington, *De slaaprevolutie*. Lev., 2016.

Een probleem kun je nooit helemaal oplossen

Hoe graag je ook zou willen, een probleem is nooit helemaal op te lossen. Elke oplossing is per definitie suboptimaal en imperfect en zal niet alles van het probleem kunnen tackelen. In plaats van naar de perfecte oplossing te zoeken, kun je beter gewoon beginnen met een oplossing en die vervolmaken terwijl je onderweg bent.

DIERENDINSDAG

De koala in jou

Koala's slapen 22 uur per dag, in een boom. En ze drinken niet, ze eten eucalyptusbladeren. 22 uur per dag aan een tak hangen, hoe zinvol is dat? Heel zinvol en dan vooral voor de tak. Die kan voelen hoe sterk hij is, hoe fijn het is dat hij een functie heeft. Zoek vandaag eens een koala in je bedrijf, een collega die misschien op een dood spoor zit of anderszins een onduidelijke rol heeft en maak je eens gedienstig. Eigenlijk zou het vandaag moeten zijn: bomendinsdag: de tak in jou.

Pas als klanten ontevreden zijn, kun je groeien

Leuk hoor, tevreden klanten. Het betaalt de rekening, maar voor hoe lang? Je doet wat je belooft en dat levert je tevreden klanten op, maar niet meer dan dat. Het is een kwestie van tijd voordat, door nieuwe technologie, of omdat je zelf inzakt, je klanten ontevreden zullen zijn over wat jij nog kan. En dan komt het erop aan, kun je meegaan met ze en groeien? Of blijf je blij met de tevreden klanten die je overhoudt?

Droom groot, denk realistisch en doe klein

Als je niet groot droomt, komt er van je werk niets terecht. Hoe sta je er over drie, vijf of tien jaar voor? Fantaseer er lekker op los en zodra je weer op aarde bent, ga je realistische plannen maken die met kleine acties in gang gezet kunnen worden. Droom je van die onbereikbare liefde? Stuur eerst eens een heel klein berichtje. Wat voor de liefde geldt, is ook op kantoor waar.

. . . .

VRIJMIBO GAME

Jasje aan, jasje uit

We gaan in een kring staan en als iedereen staat, doen we allemaal ons jasje uit. Dan trekken we ons jasje weer aan en vragen we aan elkaar hoe dat ging en hoe dat voelde. Tot zover lekker makkelijk. Dan trekken we ons jasje weer uit en trekken het opnieuw aan, maar nu met de andere arm eerst. En hoe ging dat en hoe voelde dat? Wat betekent deze ervaring als we aan mensen te vragen om een ingeslopen gewoonte te veranderen, of zelf willen veranderen?

ZATERDAG - ZONDAG

30 - 1
OKTOBER

Personal branding
voor zzp'ers

Als zzp'er weet je dat elke klus tijdelijk is en dat je opdrachtgevers steeds weer opnieuw moet zien te overtuigen. Maar hoe pak je dat slim aan? Dit boek bewijst hoe belangrijk personal branding voor zzp'ers is. Het laat zien hoe je je professionele identiteit stevig neerzet, door de juiste keuzes te maken. Want als je product of dienst en het verhaal dat je uitdraagt naadloos aansluiten op wie je bent, verhoog je je toegevoegde waarde voor anderen. Benieuwd hoe je de projecten of opdrachten krijgt die je zo graag wilt? Je leest het in dit boek.

Tom Scholte, *Personal branding voor zzp'ers.*
Van Duuren Management, 2015.

Denk niet in kwartalen, maar in momenten

Het laatste kwartaal van het jaar is deze maandag begonnen. Denk er niet te veel aan, wie in de toekomst leeft, leeft in de wolken. Leef en werk van moment naar moment en als je de goede dingen doet, zal straks het kwartaal prima afgesloten worden en daarmee het jaar. Maar maak dan vervolgens niet de fout in het verleden te gaan leven.

DIERENDINSDAG
Alle dieren in jou

Morgen is het dierendag en daarom is het vandaag een bijzondere dierendinsdag. Alle dieren in jou mogen meedoen. Dus eet als een leeuw, zing als een nachtegaal, wees trots als een pauw en dans als een beer, alle dieren in je tegelijk loslaten is heerlijk en je collega's zullen blij worden van jouw goede humeur.

Vandaag krijg je niets af

Wat een opluchting, weer een dag waarop je niets af
krijgt. En gelukkig maar, dingen die 'af' zijn, zijn lelijk
en hebben geen enkele functie meer. 'Af' is alleen een
organisatie die failliet is, waarin niemand meer investeert.
In alle organisaties en bedrijven is morgen nog wat
te doen. Gelukkig maar, anders zouden er ook geen
kalenderblaadjes meer nodig zijn.

Zelfsturende teams bestaan niet

Het is een mooi modewoord: 'zelfsturende teams', ze bestaan alleen niet. Het idee van een team is dat je samenwerkt aan een doel. En dat doel wordt bepaald door de initiatiefnemer(s) van het team. Zet een paar willekeurige mensen bij elkaar en zeg dat ze moeten samenwerken, dan is de eerste vraag 'waaraan dan?' En als die vraag wordt beantwoord door de initiatiefnemer of de sponsor van het team, dan is het al niet zelfsturend meer, maar is het een volgend team geworden.

VRIJMIBO GAME

Websitekennis

Pas op: voorbereiden is niet toegestaan.

Iedere deelnemer pakt een blanco vel papier en schrijft op wat er op de website van jullie organisatie staat. Welke onderwerpen, welke indeling, welke teksten? Welke plaatjes, welke aanbiedingen en welke links? Degene met de best kloppende beschrijving heeft gewonnen.

Multipliers

Hoe kan het dat sommige leiders hun team alleen maar uitputten, terwijl andere leiders juist meer uit hun mensen halen? Die eerste groep zijn *diminishers*, die niet in staat zijn te zien welke talenten al aanwezig zijn in de organisatie. De tweede groep zijn *multipliers*, managers waar iedereen graag (hard) voor werkt. Ze ontdekken verborgen talenten, geven mensen eigen verantwoordelijkheid en laten hen groeien. Multipliers onderscheiden zich in vijf disciplines van dimishers. Het zijn vaardigheden die iedereen kan leren – zelfs de op het oog onverbeterlijke diminisher. Met dit boek kan iedereen een multiplier worden.

Liz Wiseman & Greg McKeown, *Multipliers.*
Academic Service, 2015.

Luister naar je buik

Neem vandaag een stethoscoop mee naar je werk. Als
je een beslissing moet nemen en je komt er even niet
uit, leg dan de stethoscoop op je buik en luister goed.
Een onheilspellend gerommel betekent 'Nee' en een
opgewonden gebrom betekent 'Ja'. Moet je je beslissing
later tegenover de directeur verdedigen, gooi het dan op
'buikgevoel'.

DIERENDINSDAG
De jacana in jou

De jacana is een tropische watervogel. Het vrouwtje vernielt de nesten van andere vrouwtjes, zodat het mannetje dat erop broedt weer nestloos is en met haar gaat paren. De jacana in ons gedijt goed in competitieve bedrijven met weinig collegialiteit, waarbij het niet raar is als je probeert een project van een collega te laten mislukken om je eigen project en carrièrekansen te vergroten. Voed hem niet te veel, deze jacana, maar ontken ook niet dat hij in je zit.

Iedereen is hetzelfde

We zijn allemaal mensen, met de eigenschappen
van dieren in ons, en hebben allemaal dezelfde
afweermechanismes, voorkeuren en gevoelens. Denk
dus niet dat, als jij het even niet ziet zitten op je werk, je
alleen bent. Dat wat jou dwarszit, zal meerdere mensen
dwarszitten. Praat erover, kom samen tot oplossingen.
Delen is fijn, herkennen dat iedereen hetzelfde is,
geeft energie.

Iedereen is anders

We zijn allemaal mensen, met de eigenschappen
van dieren in ons, en hebben allemaal verschillende
afweermechanismes, voorkeuren en gevoelens. Denk dus
niet dat als jij het even niet ziet zitten op je werk, dat voor
iedereen geldt. Wat jou dwarszit, kan een ander te gek
vinden. Praat erover, kom samen tot oplossingen. Delen
is fijn, herkennen dat er verschillen tussen mensen zijn,
geeft energie.

VRIJDAG

· · · · · · · · · ·

13

OKTOBER

· · · ·

VRIJMIBO GAME

Ruggespraak

Iedere deelnemer schrijft zijn naam op een papiertje. Vervolgens gaat iedereen in een kring staan en worden de papiertjes door de niet meespelende spelleider op de ruggen van de deelnemers geplakt, zonder dat de deelnemers kunnen zien welk papiertje op welke rug zit. Door vragen te stellen aan de spelleider die alleen met ja en nee beantwoord mogen worden, kun je erachter komen wie er op je rug staat vermeld. De spelleider beantwoordt om de beurt een vraag. Degene die als eerste raadt welke naam er op zijn rug zit, heeft gewonnen.

ZATERDAG - ZONDAG

14 - 15
OKTOBER

De mythe van
het gemiddelde

Elke dag worden we langs de meetlat gelegd en wordt beoordeeld hoever we van het gemiddelde afwijken. Gestandaardiseerde examens, sollicitatieprocedures, functioneringsgesprekken: individuele eigenschappen worden vaak niet bekeken. Todd Rose onderzoekt in dit boek de wetenschap van het individu, en toont aan dat niémand gemiddeld is. Jij niet, je collega's niet en je partner ook niet. Dit pleidooi voor maatwerk vermengt Todd Roses eigen verhaal als schoolverlater met wetenschappelijke inzichten en kleurrijke verhalen uit de geschiedenis, en zal je kijk op gemiddelden, talent en succes voorgoed veranderen.

Todd Rose, *De mythe van het gemiddelde*. Bruna, 2016.

Vertel alleen wat je zeker weet

Als je iets gevraagd wordt, door je baas, door een klant, door een collega en je weet het antwoord niet helemaal zeker, geef dan geen antwoord, maar stel een wedervraag. Pas als je zeker weet dat het antwoord dat je gaat geven klopt, dan geef je antwoord. Realiseer je wel dat er in het leven niets zeker is, dus maak altijd een voorbehoud.

DIERENDINSDAG

De zeeschildpad in jou

De zeeschildpad wordt geboren in een nest met meer dan 200 anderen op het strand, waar stropers, vogels en andere dieren het willen opeten. En als het de zee dan toch haalt, is het daar voer voor vissen en haaien. Toch zwemmen de dameszeeschildpadden na dertig jaar honderden kilometers terug om op exact dezelfde plek als waar ze geboren zijn hun nest te maken. Wij hebben allemaal de zeeschildpad in ons. We blijven teruggaan naar de plek waar we ooit succes hadden, al kost het nog zoveel moeite om er te komen.

Gisteren was alles makkelijk

Praat met mensen in een bedrijf en ze zullen je met plezier uitleggen dat gisteren alles veel makkelijker was. De tijden zijn veranderd en daarom moeten we nu extra alert zijn, meegaan met technologieën, change management omarmen enzovoort. Wat gisteren makkelijk was, is nu een *struggle for life* door de groeiende concurrentie en steeds snellere veranderingen.

Morgen is alles makkelijk

Praat met mensen in een bedrijf en ze zullen je met plezier uitleggen dat morgen alles makkelijker wordt. De tijden zullen veranderen, maar nu nog even alert zijn, die nieuwe technologie overnemen en aan change management doen. Wat vandaag een struggle is, zal morgen een *piece of cake* blijken.

VRIJMIBO GAME

Het verjaardagsspel

Smartphones uitzetten, dit is een Facebookloos spel.
Schrijf de namen van alle deelnemers op een lijst en
noteer erachter wanneer ze jarig zijn, eventueel met
geboortejaar. De winnaar is degene met de meeste
goede antwoorden. Diegene gaat in het midden staan
en wordt toegezongen 'Lang zal hij/zij leven'.

ZATERDAG - ZONDAG

21 - 22
OKTOBER

Ontmanagen voor managers

We zien allerlei nieuwe, bevlogen en wendbare organisatievormen met minder management ontstaan. Wat betekent dat voor de manager? Aan de hand van zijn eigen ontdekkingstocht van manager naar ontmanager geeft Thom Verheggen nieuwe inzichten in je rol van manager, zodat je klaar bent voor de toekomst. Wat is er voor jou aan het veranderen? Hoe geef je daar richting aan? Welke vreemde patronen hebben we allemaal aangeleerd? Hoe werk je aan je eigen overbodigheid? En uiteindelijk: (bijna) niks meer te managen – wat nu, wie ben je echt?

Thom Verheggen, *Ontmanagen voor managers*. Vakmedianet, 2016.

Alles heeft een andere kant

Pak de twee blaadjes van afgelopen woensdag en donderdag uit de prullenbak (of uit je bewaarmap) en lees ze nog eens door. Op de eerste staat 'Gisteren was alles makkelijk' en op de tweede staat 'Morgen is alles makkelijk'. Dus alles is makkelijk, wat een heerlijk inzicht. En ook daarom is het vandaag feest. Gefeliciteerd! Wie haalt er taart?

Alles heeft een
andere kant

DIERENDINSDAG
De mossel in jou

De mossel hecht zich als geen ander beest in de zee aan zijn ondergrond. Hij zit het liefst roerig water, stromen, eb en vloed zijn zijn vrienden. De mossel in ons houdt ook van veranderende omgeving en wordt gek van stilstaand water. Dan zet zich zand op ons af, spoelen we niet schoon en verstenen we. De markt is gek geworden, maar wij blijven standvastig, geworteld aan onze steen. En we zijn op ons best met een koud biertje erbij.

Gisteren was alles moeilijk

Praat met mensen in een bedrijf en ze zullen je met plezier uitleggen dat gisteren alles moeilijk was. De technologie was moeilijker, de klanten veeleisender en de markt veel competitiever. Vandaag de dag is kinderspel vergeleken met destijds.

Morgen is alles moeilijk

Praat met mensen in een bedrijf en ze zullen je met plezier uitleggen dat morgen alles moeilijker wordt. De oude tijden komen niet meer, die zijn voorgoed voorbij. Door nieuwe technologie en concurrentie zullen we harder moeten werken en gaan we minder verdienen. Wat vroeger een uurtje werk was, zal morgen een hele dag ploeteren worden. Voor twee man!

VRIJMIBO GAME

Het grote kantoorgeluidenspel

Alles op kantoor maakt geluid. Het kopieerapparaat als de lade opengaat, het koffieapparaat als het service nodig heeft et cetera. De deelnemers doen een blinddoek voor en de spelleider reproduceert een kantoorgeluid. Degene die als eerste raadt, krijgt een punt, degene die als eerste vijf punten heeft, is de winnaar van de week en wordt toegezongen door de andere deelnemers.

ZATERDAG - ZONDAG

28 - 29
OKTOBER

Slagroomtaart
en slingers

Geen managementtitel vandaag, maar iets veel leerzamers. Een boek waarover Youp van 't Hek zei: 'Overal klinkt een "lang zal ze leven" doorheen.' In 2014 werd Ilvy Njiokiktjien benoemd tot eerste Fotograaf des Vaderlands. Ze bedacht een ambitieus plan: om honderd jarigen, in de leeftijd van 1 tot en met 100, te fotograferen.

Ilvy Njiokiktjien, *Slagroomtaart en slingers*.
Schilt Publishing 2014.

Niet zeuren!

Een fijne les van de meest wijze vrouw uit mijn leven: los een probleem op, of accepteer het, want meer smaken zijn er niet. Doe je geen van beiden, dan ben je een zeurpiet. Zeuren is even fijn om aandacht te krijgen, maar kies vervolgens zelf of je je probleem oplost of accepteert. Hup hup, niet zeuren!! *(Mam, van harte met je 87ste!!)*

DIERENDINSDAG
De amoerpanter in jou

De amoerpanter zit in jou, maar is bijna niet meer op de wereld aanwezig omdat er op gejaagd wordt voor de jachttrofee. Bij de laatste telling waren er nog zes vruchtbare vrouwtjes in het wild. Voel je je soms een amoerpanter? Eenzaam in je organisatie, met als enige functie dat er een directeur rondloopt die jouw 'dossier' uit het bedrijf wil? Bedenk dat er fokprogramma's zijn, beschermingsorganisaties en bedenk je ook dat er in de directeur ook een amoerpanter zit.

Als je geen probleem hebt, hoef je je geen zorgen te maken

Ja, dit is wel de meest open deur van open deuren. En toch zijn er op je werk veel mensen die ogenschijnlijk geen problemen hebben en die zich toch zorgen maken of die problemen er misschien wel komen. Zo jammer, geniet als er geen problemen zijn!

Als je een probleem hebt dat je op kan lossen, hoef je je ook geen zorgen te maken

Niets is zorgelozer dan een probleem dat je hebt lekker gaan oplossen. Je weet wat je te doen staat en je loopt stap voor stap naar de oplossing van je probleem. Zorgen maken is zinloos, want straks heb je geen probleem meer en lacht het leven je weer aan alle kanten toe.

VRIJDAG

3

NOVEMBER

VRIJMIBO GAME

Standpunt: ons bedrijf is over vijf jaar marktleider

Er worden twee vrijwilligers aangewezen. De ene vrijwilliger gaat tegenargumenten verzamelen en een betoog van vijf minuten houden om de deelnemers te overtuigen van zijn gelijk. De andere doet hetzelfde, maar dan met pro-argumenten. Vervolgens krijgt iedere deelnemer nog twee minuten om te reageren op het betoog van de ander. Vervolgens is er vijf minuten tijd om vragen te stellen aan de vrijwilligers. Met stemming wordt de winnaar bepaald.

4 - 5
NOVEMBER

Waarderend veranderen

Werken aan team- en organisatieontwikkeling is aan de orde van de dag voor leidinggevenden. Appreciative Inquiry is een onderzoekende, op samenwerking en energie gerichte manier van werken aan verandering die de laatste jaren steeds meer vaste grond onder de voeten krijgt. Deze benadering stelt je in staat met de betrokken medewerkers (en zelfs met klanten of andere externe partijen) te werken aan grotere en kleinere verandervragen op de werkvloer. Een praktijkgericht boek met zowel theoretische achtergronden van Appreciative Inquiry en praktische handreikingen en actuele voorbeelden uit de praktijk.

Saskia Tjepkema, Luc Verheijen & Joeri Kabalt, *Waarderend veranderen.*
Boom uitgevers Amsterdam, 2016.

Verveling is de bakermat van alle innovaties

Vreemd, ieder bedrijf probeert zich zo te organiseren dat processen steeds efficiënter en geautomatiseerder gaan, en als het eindelijk zover is dat medewerkers geen werk meer hebben, dan worden ze ontslagen ... Als je je verveelt omdat je werk eigenlijk wel klaar is en alles op rolletjes loopt, ga dan niet druk lopen doen en met een dossiermap onder je arm over de directievloer lopen, ga je vervelen en innoveren!

DIERENDINSDAG

De bloedzuiger in jou

Bloedzuigers kunnen soms wel drie monden hebben met in iedere mond honderd tanden. Ze leven van het bloed, de energie van anderen. De bloedzuiger in jou leeft van de energie van anderen. We kunnen het in het leven niet allemaal zelf bepalen, het is heerlijk om een leider te hebben die de richting weet en het pad uitzet. En een stevige leider kan best en bloedzuigertje of twee aan, al hebben ze nog zo veel monden.

Beter de goede dingen matig doen dan matige dingen goed

Als je dan toch de keuze hebt, kies er dan voor om goede dingen te doen, die daadwerkelijk bijdragen aan het succes van je onderneming. Rücksichtslos uitvoeren wat er die ochtend in je mailbox aan werk is binnengekomen en daar al je energie aan geven, kan weleens veel minder effectief zijn.

Beter een taak goed doen dan twee half

Focus, focus, focus. Om maar zo effectief mogelijk te zijn, proberen we de juiste dingen te doen, zeker na het blaadje van gisteren. Maar een goede taak half uitvoeren, is niet zinvol. Kies een enkele taak waarvan je weet dat die bijdraagt aan je onderneming en voer hem zo goed mogelijk uit.

VRIJMIBO GAME

Standpunt: ons bedrijf is over vijf jaar failliet

Er worden twee vrijwilligers aangewezen. De ene vrijwilliger gaat tegenargumenten verzamelen en een betoog van vijf minuten houden om de deelnemers te overtuigen van zijn gelijk. De andere doet hetzelfde, maar dan met pro-argumenten. Vervolgens krijgt iedere deelnemer nog twee minuten om te reageren op het betoog van de ander. Vervolgens is er vijf minuten tijd om vragen te stellen aan de vrijwilligers. Met stemming wordt de winnaar bepaald.

ZATERDAG - ZONDAG

11 - 12
NOVEMBER

Jos Burgers over klantgerichtheid

De boeken *Klanten zijn eigenlijk nét mensen!*, *Hondenbrokken* en *Gek op gaten* van Jos Burgers waren bestsellers. Het geheim achter dit succes: de luchtige en humoristische manier waarop Burgers beschrijft wat klanten nu eigenlijk écht willen. Hij houdt zijn publiek een spiegel voor en laat mensen anders naar hun werk en hun dagelijkse praktijk kijken. Waardoor organisaties en medewerkers in staat zijn om hun klantgerichtheid daadwerkelijk te verbeteren. In dit boek zijn de beste columns en verhalen van Jos Burgers gebundeld. Wie van zijn klanten ambassadeurs wil maken, start met dit boek.

Jos Burgers, *Jos Burgers over klantgerichtheid*.
Van Duuren Management, 2016.

Werk is de beloning voor werk

Niet je salaris of je bonus staat tegenover je werk, maar het eenvoudige feit dat je werk hebt, is de beloning voor het feit dat je werk hebt. Je stopt er veel energie in en geeft er veel vrije tijd voor op. Wat krijg je er voor terug? Betekenis aan je leven, energie en vrije tijd.

DIERENDINSDAG
De koe in jou

De koe geeft melk, kaas en vlees en is vooral een nuttig dier. Haar leven bestaat eruit dingen voort te brengen voor anderen. Herkauwend staat ze in de wei (als ze mazzel heeft) en doet haar ding, onbewust van het vele genot dat ze brengt. De koe in ons herkent hoe fijn het is om dienstbaar te zijn. De hele wereld wordt beter als we allemaal dienstbaar zijn aan elkaar en de koe in ons maakt dat we dat heerlijk vinden.

Wie niet kan delen,
kan nergens op rekenen

Wie rijk wil worden in geld of geluk zal dat geld of geluk moeten kunnen delen. Als je samenwerkt en zowel verantwoordelijkheden als risico's en de bijbehorende beloningen een ander net zozeer gunt als jezelf, dan kun je van anderen verwachten dat ze jou ook belonen. Houd je alles bij je, dan hoef je daar niet op te rekenen.

Leg de lat lekker hoog en loop er onderdoor

Een uitstekende manier om rust en kwaliteit in je leven te krijgen, is om ervan uit te gaan dat dagdromen voor wereldvreemden is en dat doelen stellen bedoeld is voor mensen die graag teleurgesteld worden. In dat geval ga je ervan uit dat een beter leven dan dat wat je nu hebt voor jou niet is weggelegd. Het lukt je namelijk toch niet. Je hebt de lat zo hoog gelegd dat je niet eens probeert om te springen. Lekker toch? Van mij hoor je geen oordeel hoor, ik gun je je rust.

VRIJDAG

· · · · · · · · · ·

17

NOVEMBER

· · · ·

VRIJMIBO GAME

Nooit te oud om kinderspelletjes te doen

Vandaag zijn we weer allemaal jong. Welke spelletjes deed je toen je nog echt klein was? Zakdoekje leggen, verstoppertje, ezeltje-prik? Vandaag komt het allemaal aan de beurt. Geen bier of borrelnoten op de vrijmibo dit keer, maar limonade en pannenkoeken. En als we moe worden, zet de manager ons voor een dvd.

ZATERDAG - ZONDAG

18 - 19
NOVEMBER

Systeemdenken voor managers

Hoe komt het dat grotere inspanningen van de afdeling Verkoop leiden tot een lagere omzet? Waarom neemt de werkdruk alleen maar toe, ook als we hulp inhuren? Hoe goed we het allemaal ook bedoelen, met sommige 'oplossingen' verergeren we de problemen juist. Hoe is die paradox te omzeilen? Elke organisatie is een systeem dat uit onderdelen bestaat. *Systeemdenken* leert je te zien hoe die onderdelen elkaar beïnvloeden. Zo ontdek je de vaste patronen in je organisatie en kun je die waar nodig door breken. Doe geen goedbedoelde ingreep die averechts uitpakt, maar vind een blijvende oplossing.

Jaap Schaveling & Bill Bryan, *Systeemdenken voor managers.*
Boom uitgevers Amsterdam, 2015.

Doelen stellen is zinloos

Er gebeurt te veel om jezelf zinvolle doelen te stellen.
Volg je pad en laat je verrassen door waar je uitkomt.
En welke afslagen je neemt of welke richting je het pad
bewandelt, bepaal je wel als het zo ver is. Geen bedrijf dat
hardop zegt dat ze zo werken, maar ze doen het allemaal.

DIERENDINSDAG

De Lonesome George in jou

'Lonesome George' was een schildpadsoort op zichzelf. Hij was de laatste van zijn soort gedurende een periode van honderd jaar. Kruisen met andere soorten schildpadden op de Galapagos Eilanden mislukte. Het ene soort vrouwtje sprak hem niet aan, het andere kon hij niet bevruchten. Hij bleef een diersoort op zichzelf en dat zullen we herkennen. Het gevoel helemaal alleen te staan met je standpunten, een mening te hebben die door niemand gedeeld wordt kennen we allemaal. Maar het heeft ook mooie kanten, gedurende veertig jaar was Lonesome George dé toeristische trekpleister van het eiland Pinta.

Een doel is een middel dat gehaald is

We werken, ook vandaag weer, hard aan onze doelen. Ben je vergeten aan welk doel? Vraag het je baas of diens baas of lees het laatste businessplan van je bedrijf nog een keer. Vergeet echter nooit dat als je een doel eenmaal gehaald hebt, het een middel blijkt te zijn om een volgend doel te halen, want we staan nooit stil.

Een middel is een doel dat gehaald is

We hebben geld, systemen, mensen en andere middelen ter beschikking om onze doelen te halen. Dat geld, dat systeem en die collega's waren ooit doelen. Geld is een gehaald omzettarget, een systeem een gerealiseerd project en een nieuwe medewerker een vervulde vacature. Vergeet niet er voorzichtig mee om te gaan, want het heeft bloed zweet en tranen gekost.

VRIJMIBO GAME

Game changer

Twee deelnemers gaan tegenover elkaar zitten op stoelen. Ze bekijken elkaar van top tot teen. Daarna draaien ze zich om en veranderen ze vijf dingen aan zichzelf. Bijvoorbeeld een schoen uittrekken, een ring afdoen of een haarspeld insteken. Degene die het meeste kan raden wat er is veranderd aan de ander heeft de ronde gewonnen.

Het grote geldboek voor de kleine ondernemer

Ondernemers hebben allemaal te maken met financiële uitdagingen en dat is niet altijd eenvoudig. Met dit boek leren ondernemers/zzp'ers in vijf praktische stappen hun financiën doen én begrijpen. Van businessplan tot aangifte inkomstenbelasting. Zonder deze kennis kun je de financiële risico's en voordelen van een onderneming onmogelijk begrijpen. Je leert de CFO van je eigen bedrijf te worden. Met dit boek verminder je als ondernemer in vijf eenvoudige stappen je stress, verhoog je je winst en vergroot je je financiële zekerheid.

Stephan Zwanikken, *Het grote geldboek voor de kleine ondernemer.*
Vakmedianet, 2015.

Managers zijn dom

En ze weten het! Managers zijn als geen ander in staat
om zich te realiseren dat er een taak op hen ligt te
wachten die voor hen onmogelijk is om uit te voeren,
maar dat anderen het wel kunnen. Domme mensen
hebben dat veel eerder door dan slimme, daarom zijn ze
beter geschikt als manager. Echt slimme managers falen.
De allerbeste managers zijn echt stompzinnig dom.

DINSDAG

28
NOVEMBER

DIERENDINSDAG
De wandelende tak in jou

De mannelijke wandelende tak klampt zich aan zijn vrouwtje vast en heeft non-stop seks met haar, soms wel meer dan tien weken, om ervoor te zorgen dat andere mannetjes geen kans krijgen. Vandaag gaan we een collega helpen. Nee nee, geen ongewenste intimiteiten! In plaats van een beetje te doen voor veel collega's gaan we heel veel doen voor één collega. Concentreer je op die ene die wel een steuntje kan gebruiken en vandaag sta jij in dienst van die persoon. Alleen vandaag hoor, de wandelende tak heeft zich inmiddels dusdanig geëvolueerd dat de vrouwtjes zich zonder de mannetjes kunnen voortplanten en dat is nou ook weer niet de bedoeling.

Managers zijn lui

En ze weten het! Managers bestaan omdat ze het werk
verdelen en ze nemen iemand aan als het te druk wordt.
Hardwerkende mensen met veel energie doen er zelf
een schepje bovenop en daarom zijn het zulke slechte
managers. De allerbeste managers zijn zelfs aarts- en
aartslui, hopeloze slaapkoppen zijn het.

Managers zijn oppervlakkig

En ze weten het! Wie niet de diepte in wil, niks af wenst te weten over het naadje van de kous of wie een project wel wil opstarten, maar weinig trek heeft in de details van de afronding, dat is een goede manager. Die laten het echte dieptewerk over aan anderen, zelf duiken ze er niet te veel in. Topmanagers zijn zo oppervlakkig dat je gesprekken met hen altijd kort en saai zijn, maar je nooit zonder extra werk het gesprek uitloopt.

Poëzie op vrijdag

Ieder doet een papiertje met zijn naam in een hoed en we halen er allemaal eentje uit. De naam die je eruit haalt, daar ga je een gedicht voor maken en voordragen. Geen goedkope rijmelarij met denken en schenken, nee, schrijf een poëtisch gedicht dat gaat over de kwaliteiten van die persoon. We zijn allemaal winnaars vandaag want het sinterklaasweekend komt eraan en we kunnen wel wat inspiratie gebruiken.

Het MerkMenu

Zichtbaarheid is cruciaal voor organisaties. Maar hoe laat je de wereld zien wat jouw bedrijf uniek maakt? Met dit boek zet je in elf stappen je organisatie op de kaart, samen met iedereen die er werkt. Om je te onderscheiden, moet je eerst weten wat jou bijzonder maakt. Je start dus bij identiteit en imago. Op basis daarvan ontwikkel je een creatief concept om te laten zien waar je staat. Door de uitvoering te monitoren en zo nodig bij te stellen, zorg je ervoor dat je je communicatiedoelen behaalt en dat je uitstraling blijft passen bij je identiteit.

Paul Kruijssen, *Het MerkMenu*.
Van Duuren Management, 2016.

MAANDAG

· · · · · · · · · · · · ·

4
DECEMBER

· · · ·

Blijf leren
Blijf je laten inspireren
De Sint is tevreden over jou, maar
hoe zit dat met volgend jaar?
Denk in je werk nooit 'Ik ben der'
Dus vraag of geef aan je collega's de 'Werk Ze' kalender

DIERENDINSDAG
De schimmel in jou

Amerigo, het paard van Sinterklaas, is een schimmel. Ze zeggen wel dat Sinterklaas een schimmel berijdt omdat zijn rode tabberd dan mooi uitkomt, maar vergeten wordt het argument dat een schimmel een mysterieus dier is. De Noorse god Odin reed al op een schimmel en ook de eenhoorn is een schimmel. En ze zeggen dat Amerigo met Sinterklaas kan praten. Ook wij mensen hebben Amerigo in ons. Op onverklaarbare, met mythes omgeven wijze helpen wij het grotere doel waar we dagelijks aan werken. We rijden op daken en wolken en hebben een hoorn, al heeft niemand die ooit gezien. Er is meer tussen hemel en aarde, ook op het werk.

De toekomst verandert elke dag

Het verleden staat onherroepelijk vast en het hier-en-nu eigenlijk ook. Het enige waar je invloed op kunt uitoefenen is de toekomst. Het verleden is er om te accepteren, het hier-en-nu om te leven en de toekomst om over te fantaseren. Leef niet in het verleden, fantaseer niet over het hier-en-nu en realiseer je vooral wel dat je je toekomst kunt beïnvloeden.

Verhip, het is gelukt

Het jaar loopt ten einde, bijna tijd om de balans op te maken. En vandaag kom je er ineens achter dat je je jaardoelen gaat halen. Gefeliciteerd. Als je er maar niet te veel aan denkt en hard werkt, dan komt het vanzelf. Als je vanaf januari elke dag aan je doel hebt gedacht, is de kans groter dat je het niet gehaald hebt. Als je daarentegen gefocust hebt op je inspanningen, dan denk je nu opeens 'Verhip, het is gelukt!'

VRIJMIBO GAME

Handlezen

Pak de hand van een mededeelnemer en vertel wat die persoon de afgelopen week heeft meegemaakt. Laat je inspireren door de levenslijn, door de mediaan, maar gebruik vooral ook je fantasie. De 'gelezen' deelnemer geeft een rapportcijfer en het hoogste rapportcijfer heeft gewonnen. Hoera!

9 - 10
DECEMBER

Positieve organisaties

Veel mensen zijn overwerkt en balanceren op de rand van de uitputting. Ken je ze ook? Dit lijkt een algemeen aanvaard gegeven en er is een eindeloze discussie gaande over hoe we beter kunnen omgaan met het steeds nijpender tekort aan tijd. Wat minder algemeen aanvaard is, is dat veel van deze mensen ook onderbenut worden. In *Positieve organisaties* laat Robert Quinn zien dat we door de conventionele organisatiecultuur te trotseren en door traditionele denkwijzen te doorbreken, organisaties kunnen creëren waarin mensen juist tot bloei komen en beter presteren.

Robert E. Quinn, *Positieve organisaties*.
Academic Service, 2015.

Ook leiders moeten zichzelf overbodig maken

Leuk hoor, die leiders die je zeggen dat je je werk zo moet organiseren dat de taken van vandaag morgen geautomatiseerd moeten worden of dat de problemen van vandaag morgen voorbij zijn en je aan je eigen overbodigheid moet werken. Echte leiders zorgen ervoor dat ook leiders overbodig worden door dit besef aan hun volgers bij te brengen. Straks zijn we allemaal overbodig.

DIERENDINSDAG
De tapir in jou

De tapir is een solitair dier dat zich weinig van soortgenoten aantrekt. Alleen in paringstijd zoeken ze elkaar op. Opportunisme zit in ons allemaal. Solitair voeren we ons werk uit en we zoeken anderen pas op als we er wat aan hebben. Neem het jezelf niet kwalijk, het wordt veroorzaakt door de conditionering die de tapir in jou heeft achtergelaten.

WOENSDAG

13
DECEMBER

Zorg eens voor wat vijanden

Het is nog geen kerst, dus het kan nog. Zorg eens voor wat vijanden. Als je die niet hebt, zou het zomaar kunnen zijn dat jouw ideeën door iedereen goed gevonden worden, dat jouw plannen voor alle medewerkers goed uitpakken. En dat is nou eenmaal onmogelijk, goede ideeën en plannen bevatten risico's en nadelen.

Je hebt echt geen idee wat je moet doen vandaag

Uiteindelijk volg je ook maar een plan, misschien heb je dat plan zelf bedacht, maar zeker weten dat het gaat werken, is er niet bij. Je gelooft er wel in, maar weten – dat is toch iets anders. Zo veel onzekerheden, zo veel risico's, zo veel onbegrepen effecten. Eigenlijk tasten we allemaal in het duister en volgen we een plan van iemand die het ook niet weet.

VRIJMIBO GAME

Sneeuwballengevecht

Sneeuwt het? Ik kan dat op het moment van schrijven van dit blaadje niet weten, maar zo ja, ga dan allemaal naar buiten, maak sneeuwballen en bekogel elkaar. Is er geen sneeuw, of vind je het toch te koud? Ga dan in een kring staan en zeg alle teamleden in een paar ferme bewoordingen eens flink de waarheid. Benoem wat iemand niet goed doet in het werk en wat voor effect dat op jou heeft. 'Je komt altijd te laat, ik erger me eraan.' 'Je bureau is een rotzooi, het geeft mij het gevoel dat je het niet onder controle hebt' – dat soort sneeuwballen. Als het afgelopen is, gaan we samen warme choco drinken in de bedrijfskantine. Iedereen winnaar.

Kijken, kijken ...
anders kopen

In deze tijd zijn de winkelstraten vol, maar klanten en markten zullen er in de nabije toekomst heel anders uit gaan zien. Nieuwe generaties kopen, leven en kiezen anders. Internet heeft ons gedrag en onze communicatie drastisch veranderd. Toch worden de oude structuren van werken, wonen en winkelen krampachtig in stand gehouden, met problemen in de winkels en irritaties bij de klant als gevolg. Dit boek behandelt de trends, de theorie, de rol van internet, disruptie, toekomstige hybride businessmodellen en schetst hoe winkels en winkelgebieden zich moeten aanpassen aan de toekomst. Niet meedoen is onmogelijk.

Cor Molenaar, *Kijken, kijken ... anders kopen*. Academic Service, 2014.

Het middel heiligt de doelen

Typefoutje Cobben? Het is toch andersom? Nee hoor, andersom 'Het doel heiligt de middelen' is een negatieve en nutteloze leidraad en als je hem volgt wordt niemand, ook jijzelf niet, daar beter van. Als je je werk gewoon goed uitvoert, gelooft in waar je mee bezig bent, kortom, als de middelen die je inzet goed zijn, dan maakt het niet veel uit wat het resultaat is.

DIERENDINSDAG
De ijsbeer in jou

De ijsbeer is zo zwaar dat hij zijn nek de hoek om moet gooien voordat hij kan draaien. Daarom lijkt hij met zijn hoofd te lopen, ijsberen noemen we dat. Soms zijn problemen te groot om snel een beslissing te nemen. Ga ik van job veranderen? Moeten we die medewerker ontslaan? De ijsbeer in jou gedijt het best tijdens een lange wandeling, maar hij komt niet tot zijn recht als er andere ijsberen meelopen.

Succes is saai

Als iets gelukt is – je businessplan, je innovatie – dan begint daarna het saaie leven. Je creativiteit is niet meer nodig, je honger is gestild en je droom is uit. Hij is uitgekomen, maar toch echt uit. Succes is saai, zeker als je gaat proberen om het te behouden, dan is het zelfs oersaai of kan het ronduit vervelend worden. Succes met het verwerken van de inzichten uit dit blaadje.

Tijd is het verschil tussen goed en perfect

Tenzij je echt heel veel tijd hebt, kun je streven naar perfectie. De enigen die onbeperkt tijd hebben om hun werk af te maken, zijn kunstenaars. Niet de kunstenaars die een beeld of een lied of een schilderij in opdracht maken, die hebben te maken met deadlines. De echte kunstenaar, de vrije artiest die zich van de mening van anderen of van de gevolgen van zijn handelen niets aantrekt, kan streven naar perfectie. Alle anderen, hup hup hup, aan de slag en afmaken vandaag. Werk Ze!

VRIJDAG

22

DECEMBER

VRIJMIBO GAME

Volg je intuïtie

Iedere deelnemer pakt een stuk papier, zet er een pen op, gaat vrijuit bewegen zoals zijn gevoel dat ingeeft en zet vervolgens zijn naam op het papier. De andere deelnemers gaan beschrijven hoe de tekenaar zich voelde tijdens het maken van zijn kunstwerk. Degene met de meest vage conclusies en de meeste tekst heeft gewonnen. Zorg dat ik niet meedoe, want ik win dit altijd.

Agile Managen

Elke organisatie heeft te maken met een omgeving die steeds sneller en diepgaander verandert en een markt die dynamisch, complex en onvoorspelbaar is geworden. Wie in de toekomst wil blijven bestaan, moet zich vliegensvlug kunnen aanpassen. Steeds meer organisaties zien in dat hun traditionele manier van werken tekortschiet. Het ontbreekt ze aan *agility*. In dit boek laat agility-expert Mike Hoogveld zien wat we kunnen leren van slimme start-ups en andere succesvolle innovatieve organisaties. Hij geeft een concreet antwoord op die uiterst cruciale vraag waar zoveel organisaties mee worstelen: hoe vergroten we onze wendbaarheid?

Mike Hoogveld, *Agile managen*.
Van Duuren Management, 2016.

'Als je voortbrengt wat je in je hebt, zal dat je redden. Als je niet voortbrengt wat je in je hebt, zal dat je doden.'

– Jezus Christus

DINSDAG

26
DECEMBER

2E KERSTDAG

DIERENDINSDAG
De kalkoen in jou

Onder accountmanagers gaat een gezegde 'Praat nooit met de kalkoen over het kerstdiner.' Bedoeld wordt dat je als verkoper nooit met iemand gaat praten over manieren om zijn job overbodig te maken. Dat leidt alleen bij hele grote geesten tot enthousiasme. Een IT-systeem dat de telefoniste gaat vervangen door een stemcomputer verkoop je beter aan degene in een bedrijf die besparingen moet realiseren dan aan de telefoniste zelf. Of beter verkoop je ze niet, ik erger me te veel aan die dingen.

Zorg dat je snel mislukt

Mislukken ga je toch, tenzij je de hele dag in je bed blijft liggen. Slechts een deel van je inspanningen leidt tot het gewenste resultaat. Je hebt er weinig aan om langzaam te mislukken. Dat kost meer tijd, geld en veel meer energie. Snel mislukken doet veel minder pijn.

Goed lijken door goed te zijn

Als je bent wat je lijkt, dan heb je het ultieme succes in je werk te pakken. Als je anders lijkt dan je bent en andere dingen kunt dan je doet, dan wordt het een hele toer om er wat uit te persen. Zit je in zo'n situatie? Bedenk dat het makkelijker is om iets anders te gaan lijken dan om iets anders te worden.

VRIJMIBO GAME

Herinneringenspel

Elke deelnemer schrijft op een papiertje een belevenis
uit 2017. Welke nieuwe klant is er binnengehaald? Of, over
deze kalender, wie heeft die game in februari gewonnen?
Welk blaadje heeft tot een verandering geleid? Of, hoe
heette die stagiair die na twee dagen weer weg was?
Dat soort vragen. We leggen de vragen op een stapel,
maken er een quiz van en degene met de meeste goede
antwoorden wint.

ZATERDAG - ZONDAG

30 - 31
DECEMBER

Vandaag geen boek. Het is de laatste dag van het jaar,
het boek is uit, de kalender is leeg, de koek is op.
Maandag begint een nieuw jaar, met nieuwe kansen,
nieuwe boeken, nieuwe kalenderblaadjes.
De Werk Ze-kalender 2018 biedt weer volop inspiratie
voor het nieuwe jaar. Ik wens je het beste voor 2018!
Werk Ze!

ZATERDAG - ZONDAG

30 - 31

DECEMBER

Colofon

Managementkalender 2017
© Uitgeverij Boom Nelissen & Michiel Cobben 2016
ISBN 9789024404018, NUR 014

Teksten:
Michiel Cobben

Omslag:
Inkahootz, Amsterdam

Binnenwerk:
VillaY, Den Haag

Druk:
L.E.G.O. S.p.a., Lavis (TN), Italië

De gunfactor is de belangrijkste reden dat mensen met elkaar zaken willen en blijven doen. Product, reclame en prijs zijn in elke markt van ondergeschikt belang, het is je gunfactor die bepaalt of een klant een aanbod accepteert. In *Verhoog je Gunfactor* maakt Michiel Cobben de gunfactor inzichtelijk en leer je hoe je deze in zeven stappen kunt verhogen. Je leert hoe je slagvaardiger wordt zonder pusherig te zijn, aardiger wordt gevonden zonder dat je de indruk wekt dat ze over je heen kunnen lopen en bovenal hoe je succesvoller in je werk kunt zijn. Het boek bevat veel voorbeelden, interviews en handige tips van mensen die uit eigen ervaring het belang en de werking van de gunfactor kennen.

Laat je vrijmibo begeleiden door Michiel Cobben, of nodig hem uit voor een presentatie bij jou op kantoor, ter opbeuring van ingedutte teams, ter opluistering van een feestelijk moment of ter inspiratie voor het aanzwengelen van een discussie.

Je kunt Michiel bereiken via:
michielcobben@degunfactor.com
035-7727371
www.degunfactor.com